Liselotte Pies

MARCUS IN TREVERIS

Liselotte Pies

MARCUS IN TREVERIS

Ein Junge erlebt die römische Kaiserstadt Trier

Bildnachweis:
Fotos: Rheinisches Landesmuseum, Trier
Rheinisches Landesmuseum, Bonn
David Macaulay, Eine Stadt wie Rom, © Artemis Verlag, Zürich
Römischer Stadtplan und Grundriß Barbarathermen aus:
Heinz Heinen, Trier und das Trevererland in römischer Zeit (Spee-Verlag 1985)

Wissenschaftliche Beratung:
Lothar Schwinden,
Rheinisches Landesmuseum Trier

CIP-Titelaufnahme der Deutschen Bibliothek
Pies, Liselotte:
Marcus in Treveris: ein Junge erlebt die römische Kaiserstadt Trier / Liselotte Pies. —
2., überarb. Aufl. — Trier: Spee, 1990. ISBN 3-87760-073-5

2., überarbeitete Auflage
© Spee-Verlag, Trier 1990
Umschlag: Ludwig Nollmeyer
Herstellung: Paulinus-Druckerei GmbH, Trier
ISBN 3-87760-073-5

Inhalt

Erstes Kapitel

„Wie weit ist es noch bis Treveris?"
Ankunft in Trier

„Rattatata, rattatata", so dröhnten die Eisenräder auf dem Steinpflaster. Marcus seufzte. Wann würde die Reise endlich vorbei sein? Tagelang fuhr der Wagen nun schon nach Süden. Die beiden braunen Pferde trotteten in immer gleichem Rhythmus, ihre Mähnen wippten auf und nieder.

Ungeduldig rutschte Marcus auf dem Bock des Reisewagens zwischen seinem Vater Servatus und dem Gehilfen Priscus hin und her. „Wie weit ist es noch bis Treveris?" Wie oft hatte Marcus diese Frage schon gestellt! Die beiden kräftigen Männer antworteten nicht. Vielleicht hatte der Lärm der Räder seine Worte übertönt!

„Vater, wie weit ist es noch bis Treveris?" fragte Marcus jetzt laut. Vater Servatus, der wie alle in einen warmen Kapuzenmantel gehüllt war, betrachtete seinen Sohn eine Weile und sagte: „Du weißt doch, daß heute der letzte Tag unserer Reise ist. Wenn die Pferde durchhalten und kein Rad bricht, können wir schon am Nachmittag in der alten Colonia Augusta Treverorum sein, dem heutigen Treveris."

Freudig blickte Marcus zu Priscus hinüber, der die Zügel locker in der Hand hielt. Dieser strich sich von Zeit zu Zeit über den krausen Bart. Sie alle freuten sich, daß sie ihre neue Heimat heute noch erreichen würden.

Da legte Priscus dem Jungen die Lederriemen in die Hände. „Wenn du die Zügel der Pferde ein paar Meilen hältst, vergeht die Zeit schneller", sagte er. Marcus übernahm gerne das Lenken. Er versuchte die Pferde anzufeuern, um endlich zu seinem Vetter Rufus, zu Onkel Titus und Tante Livia zu kommen. Die Tante war Mutters Schwester. Marcus hatte sie noch nie gesehen. Die Entfernung von ihrer Heimatstadt Colonia Ulpia Traiana (Xanten) nach Treveris war einfach zu groß. Aber auf Rufus freute Marcus

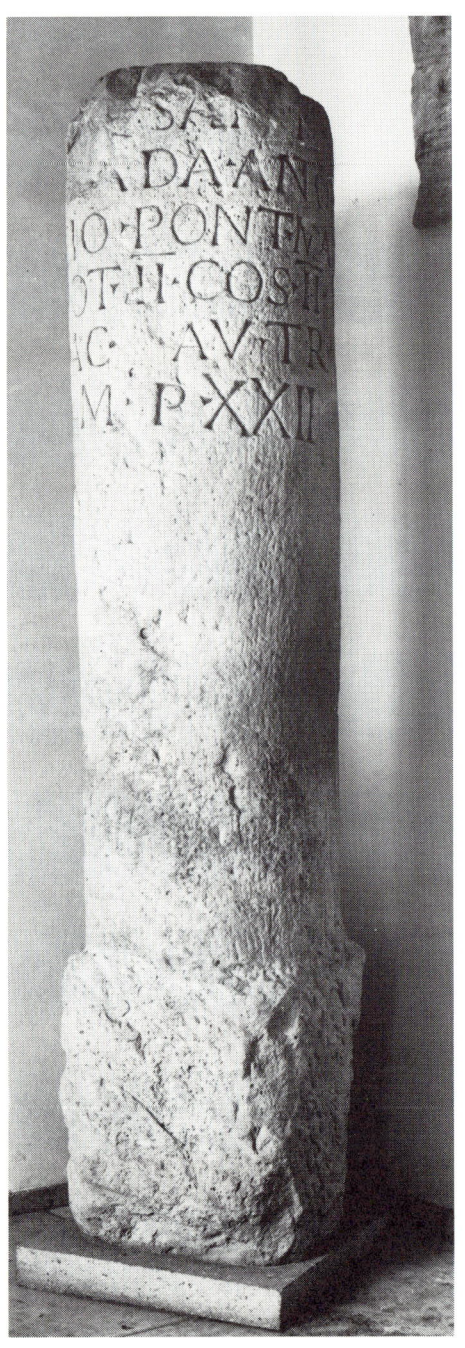

sich am meisten. War er doch wie er zur Zeit der Sommersonnenwende im gleichen Jahr geboren und hatte in einigen Wochen Geburtstag.

Es war noch früh am Morgen und noch nicht viel Verkehr auf dem holprigen Pflaster. Ein kühler Wind schlug ihnen ins Gesicht. Sehnsüchtig blickte Marcus nach vorn, um den nächsten Meilenstein zu entdecken. Es dauerte auch gar nicht lange, da tauchte in der Ferne eine Steinsäule auf. Unzählige davon hatte Marcus in den vergangenen sechs oder sieben Tagen am Straßenrand gesehen. So wußte er genau, daß die Entfer-

Meilenstein von Nattenheim (Krs. Bitburg-Prüm) mit weitgehend erhaltener, aus zahlreichen Abkürzungen bestehender Inschrift: Imp(eratori) Caesar(i) T(ito) Aelio Had(ri)a(no) Anto(nino) Aug(usto) Pio, pont(ifici) ma(ximo), tr(ibunicia) pot(estae) II, co(n)s(uli) II, p(atri) p(atriae), a col(onia) Au(gusta) Tr(everorum) m(ilia) p(assuum) XXII. — „Für den Imperator Caesar Titus Aelius Hadrianus Antoninus Augustus Pius, Oberpriester, Inhaber der tribunizischen Gewalt zum 2. Mal, Konsul zum 2. Mal, Vater des Vaterlandes, von der Colonia Augusta Treverorum 22 Meilen (= 22 000 Doppelschritte = 33 km)." Nach der jährlich wechselnden Kaisertitulatur ist dieser Meilenstein mit den Titeln des Kaisers Antoninus Pius im Jahr 139 n. Chr. an der großen römischen Fernstraße von Trier nach Köln aufgestellt worden.

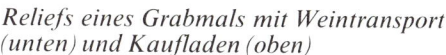

*Reliefs eines Grabmals mit Weintransport
(unten) und Kaufladen (oben)*

nung zur nächsten großen Stadt dort in Stein gemeißelt war. Außerdem war auch der Name des Herrschers zu lesen, unter dessen Regierung die Straße gebaut oder erneuert worden war.

Jetzt näherte sich der Wagen dem Meilenstein. „Hoffentlich kann ich gut erkennen, wie weit es noch bis Treveris ist", dachte Marcus und lehnte sich weit nach rechts. Aufgepaßt! Angestrengt suchte er in den vielen Buchstaben den Namen Treveris und die Zahl der Meilen zu erkennen. Da! Marcus las: „ . . . Augusta Treverorum M. P. XV . . ."

Dann war der Meilenstein auch schon vorbei. Marcus kannte die Bedeutung der wenigen Zeichen: Nach Treveris, das hier noch den Namen Colonia Augusta Treverorum hatte, waren es noch XV (15) Meilen, M. P. XV hieß XV milia passuum (fünfzehntausend Doppelschritte). Eine Meile waren tausend Doppelschritte (etwa 1 500 Meter). Die Reise würde noch ein paar Stunden dauern, das wußte Marcus.

Am frühen Morgen waren sie im Vicus Beda (Bitburg), wo auch ein Kastell war, losgefahren. Bei Sonnenaufgang hatten sie ihren Reisewagen bestiegen, nachdem sie die ausgeruhten Pferde angespannt hatten. Marcus dachte zurück an die Herbergen, die sie unterwegs aufgesucht hatten. Dann schließlich kehrten seine Gedanken zu dem Tag zurück, als alles anfing. Wie war es zu dieser Reise gekommen?

Der Weinhändler Gaudentius aus dem Erubristal (Ruwertal), einem Seitental der Mosella, war vor vielen Wochen in der Steinmetzwerkstatt des Servatus erschienen. Seine Geschäftsreisen hatten ihn weit nach Norden geführt. Er hatte von der Kunst des Servatus und seines Gehilfen Priscus gehört. Eine Weile stand er schweigend da und schaute den beiden Männern bei der Arbeit zu. Priscus schlug gerade mit Hammer und Meißel vorsichtig die Umrisse einer Hand aus einem Steinbild, während der Vater sich um die Darstellung eines Frauenkopfes bemühte. Gaudentius war begeistert. Er wollte ebenfalls eine schöne Steinmetzarbeit haben. Zuerst konnte er sich nicht entschließen, was er bestellen sollte. Doch schließlich entschied er sich dafür, ein riesiges Grabmal in Auftrag zu geben, das er an einer der beiden Ausfallstraßen von Treveris vor den Toren der Stadt aufstellen lassen wollte. Darauf sollten viele Bilder vom Weingewerbe berichten. „Fässer und Krüge möchte ich sehen, auch Weinstöcke und Rebwerkzeuge. Meine Familie soll beim Essen und Weintrinken dargestellt werden, außerdem ein Fuhrwerk, das die Fässer zu Kunden transportiert. Selbstverständlich darf ein Weinschiff nicht fehlen."

Vater Servatus hatte zuerst gelacht, weil er den Auftrag nicht ernst genommen hatte. Denn in den letzten Jahren wurden immer häufiger Sarkophage und weniger Grabmale bestellt. Außerdem hatte er wegen des Transportes Bedenken. Er sagte: „Es ist sehr schwierig, die gewaltigen Steinquader unbeschädigt über die weite Strecke bis nach Treveris zu bringen. Das Risiko ist zu groß. Erst recht in einer Zeit, in der immer wieder mit germanischen Überfällen hier im Grenzland zu rechnen ist." Doch Gaudentius ließ sich nicht von seinem Vorhaben abbringen. „Wenn die Steine nicht fahren sollen, dann müßt eben Ihr, Meister Servatus, den Ort wechseln", rief Gaudentius und schlug dem erstaunten Handwerker auf die nackte Schulter, die von der Arbeit staubig und verschwitzt war.

Marcus hatte das Gespräch aufmerksam verfolgt. Was sollten die Worte des Gaudentius bedeuten? Marcus hatte den Vater neugierig angeschaut. Servatus schlug in die ausgestreckte Hand des Weinhändlers ein. Der Auftrag war angenommen. Alles war schnell beschlossen. Gaudentius hatte eine stattliche Summe goldener Münzen geboten. Servatus und Priscus sollten vorerst in Treveris bei Onkel Titus wohnen. Später, wenn eine eigene Bleibe gefunden war, sollten die Kinder mit der Mutter nachkommen.

Gaudentius hatte so viel von der großen Stadt Treveris erzählt, daß Marcus unbedingt sofort mitfahren wollte. Nach tagelangem Ringen gab der Vater schließlich nach. Der Mutter war es gar nicht recht. Doch Marcus war glücklich. Aber noch war es nicht soweit. Zuerst mußten begonnene Steinmetzaufträge fertiggestellt werden. Dann wurde Onkel Titus' Antwort abgewartet. Vielleicht hatte er in seinem Stadthaus keinen Platz für drei Personen. Viele Vorbereitungen waren zu treffen. Die beiden Schwestern Amanda und Martiola halfen der Mutter beim Weben und Nähen neuer Umhänge und Gewänder für Vater, Priscus und Marcus. Der Schuhmacher fertigte neue Schuhe für alle an. Endlich kam ein Bote und überreichte die lang erwartete Schriftrolle mit dem Siegel des Onkels aus Treveris.

„Wir erwarten Euch als unsere Gäste. In meiner Villa urbana ist Platz genug. Steinmetze haben alle Hände voll zu tun in Treveris. Rufus freut sich schon auf Marcus. Die beiden können die gleiche Schule besuchen. Vor ein paar Tagen haben wir Claudias Verlobung mit Fabius gefeiert. Mutius ist im Kastell Baudobriga (Boppard), zu seiner Militärausbildung. Livia geht es gut. Livia freut sich schon darauf, wenn auch ihre Schwester Paulina mit ihren Töchtern nach Treveris nachkommt. Seid alle herzlich gegrüßt von Eurem Titus!"

Als Marcus sich alles noch einmal in Erinnerung gerufen hatte, blickte er zur Seite. Sein Vater war eingeschlafen. Sein Kopf lehnte an der hölzernen Wagenwand und wurde tüchtig durchgerüttelt. Nicht einmal das unebene Steinpflaster, auf dem die Räder laut dröhnten, konnte den Schlaf des Vaters stören. „Unbegreiflich, wie man so schlafen kann", dachte Marcus und schaute Priscus an: „Wie weit ist es noch bis Treveris?" wollte der Junge schon wieder wissen. Priscus zuckte nur mit den Achseln. Für

Marcus liefen die Pferde nicht schnell genug. „Wenn man doch ein Fahrzeug erfinden könnte, das sich so schnell wie ein Vogel fortbewegen könnte!" dachte er, als sein Blick von einer Schar schwarzer Vögel gefangengenommen wurde, die am bewölkten Himmel kreisten. Jetzt verschwanden sie hinter einem Landhaus, einer Villa rustica. Dort wurde ein Karren von einem Esel auf den Acker gezogen. Landarbeiter bereiteten den Ackerboden für die Saat vor. Mit Pflügen warfen sie die Erdschollen um, die mit Ackergeräten zerkleinert wurden. Später sagte der Vater: „Ein fruchtbares Land! Mutter würde sich freuen, hier ein kleines Landhaus zu bewirtschaften." Marcus wußte, wie sehr die Mutter das Landleben liebte. Er nickte und sah, wie auch Vaters Augen glänzten.

Linke Abb. Einachsiger Reisewagen; im Hintergrund Meilenstein mit Entfernungsangabe: L(eugae) IIII — vier Leugen (ca. 9 km). Rechte Abb. Zweiachsiger Lastwagen. Reliefs der Igeler Säule, 9 km vor Trier stehend.

Die Straße führte über leichte Hügel. Der Verkehr hatte zugenommen. Zwei- und vierrädrige Karren kamen ihnen schwerbeladen entgegen. Aber auch Fußvolk war unterwegs. Priscus nahm Marcus wieder die Zügel aus der Hand. Warum wohl?

Natürlich, in der Nähe der großen Städte Novaesium (Neuß) oder der Colonia Claudia Ara Agrippinensium (Köln) hatten die Männer selbst die Pferde gelenkt. Verständlich! Einen Unfall konnten sie sich nicht leisten. Die Reise dauerte ohnehin schon lange genug. Sie näherten sich der großen Stadt Treveris. Wie viele Tagesreisen waren sie nun schon unterwegs? Aus ihrer kleinen Stadt Colonia Ulpia Traiana (Xanten) waren sie vor sechs — oder waren es schon sieben — Tagen aufgebrochen. Marcus' Gedanken wanderten noch einmal zurück.

Er dachte an den Tag, den sie in Colonia Claudia Ara Agrippinensium (Köln) verbracht hatten, um Geschenke einzukaufen. Hier gab es die schönsten Glaswaren weit und breit. Außerdem hatten sich die beiden Männer neues Werkzeug besorgt. Marcus hatte noch einen neuen Kapuzenmantel aus Wolle für die Reise bekommen. Als sie dann das Rhenustal (Rheintal) verlassen hatten und in gebirgiges Land kamen, war es merklich kühler geworden. In der Nähe von Icorigium (Jünkerath) hatte es sogar schon geschneit. Im Vicus Beda (Bitburg), der letzten Zwischenstation ihrer Reise, hatte sich Marcus mit seinem neuen Mantel zugedeckt, denn in der Herberge hatte er gefroren. Dafür war die Verpflegung um so besser gewesen. Das frische dunkle Brot, der Honig, der Käse und die eingelegten Fische hatten herrlich geschmeckt.

„Vater, ich habe Hunger", Marcus spürte, wie sein Magen knurrte. Die Sonne stand jetzt schon hoch am Himmel, Zeit für eine Mittagspause. Sie rasteten im Schatten an einem Bach. Marcus schleppte den Weidenkorb mit kaltem Huhn, geräuchertem Fisch und Brotfladen aus Beda herbei. Während die Männer ein wenig sauren Wein tranken, stillte er seinen Durst am Bach. Der war so klar, daß man die Fische auf dem Grund deutlich erkennen konnte. Marcus versuchte mehrmals, einen Barsch zu fangen, doch es gelang ihm nicht. Wie munter sich die rötlichen Barben und Forellen tummelten!

Als sie aufbrechen wollten, sprengte ein Kurier auf einem schnellen Pferd an ihnen vorbei. Die Posttasche mit dem kaiserlichen Adler konnte Marcus ganz deutlich erkennen. „Könnte ich mit dem Kurier reiten, wäre ich dreimal so schnell am Stadttor von Treveris!" dachte Marcus sehnsüchtig.

Dann stiegen Vater und Sohn in den verdeckten Wagen ein, während Priscus auf den Bock kletterte. Nur an der Seite konnte

Römischer Reisewagen

man hinausschauen. „Wir müssen noch ein wenig schlafen", sagte Servatus, „damit wir nicht wie abgekämpfte Gladiatoren vor Tante Livia erscheinen!" Marcus war hellwach. Wie sollte er an einem solchen Tag schlafen können! Dennoch tat es gut, den Körper auf den Decken auszustrecken.

Marcus' Gedanken eilten voraus zum Stadttor von Treveris, zu den Prachtstraßen, dem Forum, dem Circus maximus ... Bald hatte der schaukelnde Wagen ihn in den Schlaf gewiegt. Die Dunkelheit legte sich auf ihn, und ihm war, als ob er ganz in der Ferne einen hellen Fleck entdeckte, der sehr rasch auf ihn zu flog und immer größer wurde. Ein riesiges Tor, einem Stadttor gleich, wurde aufgetan, und eine große Menschenmenge teilte sich vor Marcus. Fahnenschwenker bewegten bunte Tücher, Posaunen erklangen, und unzählige hübsche Mädchen warfen rote Blumen aus ihren Körben dem Ankommenden entgegen. Alle verneigten

14

sich und riefen: „Salve, Marce!" Wie herrlich, in einer Sänfte getragen zu werden!

Doch mit einem Mal stürzte die Sänfte zu Boden, und Marcus schaute sich verdutzt um. Was war los? Wo waren die Jubelrufer? Wo die vielen Mädchen? Jetzt merkte Marcus, daß er geträumt hatte. Aber warum standen die Räder still? Servatus wollte eben seinen Sohn wecken, der aber schon neugierig zwischen den Wagenplanen herausschaute.

Vor ihnen lag Treveris!

Wie ein Vogel blickte Marcus von der Höhe der Felsen, die vor ihnen senkrecht steil ins Tal abfielen, auf den breiten Fluß und die prächtige Kaiserstadt der Römer.

Marcus wußte nicht, wohin er seine Augen zuerst wenden sollte. Da war die lange, breite Stadtmauer mit dem Graben, der sich schützend um das Häusermeer legte. An einigen Stellen waren Tore zu erkennen. In der Abendsonne leuchteten die Dächer der Tempel, der Stadtvillen, der Paläste und Basiliken. So groß hatte Marcus sich die Stadt Treveris nicht vorgestellt. „Was ist das für ein großes Haus da in der Stadtmitte?" frage der Junge neugierig und zeigte mit dem Finger auf einen riesigen Steinbau, der alle anderen Gebäude überragte.

„Das wird die neue Palastaula von Kaiser Constantin sein. Daneben ist der Palast seiner Mutter, der Kaiserin Helena!"

Der Vater zeigte seinem Sohn auch das Forum und die Tempel. Doch Marcus war noch nicht zufrieden: „Ich kann den Circus und das Amphitheater nicht sehen, und wo finde ich die Thermen? Weißt du auch, wo Onkel Titus wohnt und wohin der Weinhändler Gaudentius sein Grabmal haben will?" Servatus zeigte dem Jungen, was er wissen wollte, auch die riesigen Gräberfelder an den nördlichen und südlichen Ausfallstraßen vor den Toren der Stadt. „Dort stehen die berühmten Arbeiten der Bildhauer und Steinmetze aus Treveris. Wir werden sie bald genauer anschauen", sagte Servatus. Und Marcus schaute seinen Vater stolz an. Dann lief er zum Wagen.

„Halt", rief Priscus, „das letzte Stück gehen wir zu Fuß. Die Straße ist zu steil, und die Pferde haben genug mit dem Wagen zu tun." Jetzt sah Marcus, daß der Weg wirklich steil war. An der Brücke war ein Stau zu erkennen. Vor dem Tor reihten sich viele Wagen hintereinander, auch die Brücke war belagert. Ab und zu rückten die Wartenden um einen Platz nach vorn. „Heute ist die Kontrolle aber wieder besonders streng!" sagte ein Bauer, der ein prallgefülltes Tuch über der Schulter trug, zu Priscus. „So", wollte dieser wissen, „weshalb denn?" Der Bauer musterte Priscus mit mißtrauischem Blick: „Das wißt ihr nicht!? Ihr kommt wohl von weit her! Seit ein paar Tagen wird von einem Germanenüberfall gemunkelt." „Wir haben nichts gehört", sagte Servatus, „merkwürdig, wir kommen aus dem germanischen Grenzland." Jetzt fuhren alle wieder ein Stück vorwärts. „Der Limes, unser gewaltiger Grenzwall zum Germanenreich, schützt uns nicht mehr so wie früher!" sprach der Bauer weiter und setzte seinen Sack ab. „Ich war noch ein Kind, als diese ganze Gegend hier in Schutt und Asche gelegt wurde. Wir möchten so etwas nicht wieder erleben." Dabei wehrte er heftig mit der Hand ab. „Wir hoffen, daß die vielen Kastelle an der Grenze und im Landesinneren nicht umsonst gebaut worden sind. Unser Kaiser ist ein starker Mann. Er geht nicht zimperlich mit Spionen und Feinden um!" Dabei nickte der Bauer und schaute die Fremden noch einmal prüfend an. Ob er sie für Spione hielt, überlegte Marcus und dachte an die Kontrolle am Stadttor, das vor ihnen lag. Sie hatten bereits die Brücke betreten, um den Mosellafluß zu überqueren.

„Sieh, Vater!" rief Marcus plötzlich und zog an dessen Leinengewand, „da wirft jemand etwas in den Fluß!" Der Vater kramte eine Bronzemünze aus seinem Lederbeutel am Gürtel und drückte sie seinem Sohn in die Hand. „Damit kannst du die Flußgötter besänftigen und um eine glückliche Einkehr in die Stadt bitten!" Marcus warf die Münze über das Brückengeländer in den Fluß. Dann waren sie endlich an der Reihe. Zwei Wächter mit Helm, Schuppenpanzer und Lanze versperrten den Weg. Ein dritter ließ sich von Servatus genau erklären, warum er in die Stadt wollte.

„Hast du ein Schreiben deines Auftraggebers, das deine Worte bezeugt?" hörte Marcus den Wächter finster fragen. Marcus bekam Herzklopfen. Wie schön war doch der Einzug in seinem Traum gewesen! Da streckte Servatus dem Wächter eine kleine Papyrusrolle entgegen, deren Siegel dieser genau prüfte. „Der Kaiser hat strenge Kontrollen befohlen", knurrte er, „Spione und zwielichtiges Gesindel sind oft als harmlose Handwerker getarnt. So wie ihr!" Bei diesen Worten kletterte er in den Wagen hinein. Priscus zeigte ihm die Handwerksgeräte, Hämmer, Meißel und Sägen, dann die Beinkleider, die Lederschürzen und Gewänder. Keine Kiste blieb verschont. Sogar die Geschenke für die Verwandten wurden durchwühlt, was Servatus mißmutig beobachtete. Er hatte nämlich empfindliche Glaswaren bei sich, Kännchen aus dunkelblau geblasenem Glas, mit sogenannten Schlangenfäden verziert, und Kugeltrichterflaschen mit Henkelchen. „Vorsicht! Das Glas ist wertvoll!" rief er zornig. Der Wächter ließ von dieser Kiste ab und interessierte sich plötzlich für das Medikamentenkästchen aus Bronze, das Priscus unter einem Schaffell versteckt hatte. Er hütete es wie seinen Augapfel. Deshalb zog er selbst den Schiebedeckel mit der Aesculapiusgravur zurück und öffnete vorsichtig die Deckel der fünf Fächer. „Getrocknete Heilkräuter, Salben und Pulver", verkündete er stolz. Er erzählte dem Wächter auch, daß er diesen Kasten immer bei sich habe. „Ich verstehe ein wenig von der Heilkunst!" sagte er. Damit zeigte Priscus noch die Zange, die beiden Sonden zum Auskratzen von Wunden und eine Pinzette. Endlich war der Wächter zufrieden. Er verließ den Wagen.

Der Weg nach Treveris war frei!

Über die Prachtstraße Decumanus maximus führte der Weg in Richtung Forum. Dahinter bog Priscus in den Cardo maximus ein. Bald standen sie vor der Villa urbana, dem Stadthaus von Onkel Titus. Mit dem Türklopfer pochte Marcus dreimal fest gegen die schwere Eingangstür, die mit Eisenbeschlägen und einem mächtigen Schloß gesichert war. Nichts rührte sich. Nach einer Weile versuchte Marcus es wieder. „Es ist niemand zu Hause!" stellte Marcus enttäuscht fest.

Er lief um die rot gestrichene Hauswand, in der zur Straße hin kein einziges Fenster zu sehen war, bis zum Seiteneingang. Hier hatte Marcus Glück. Der Diener und Türhüter Iucundus hatte das Klopfen gehört und öffnete. Er führte den Jungen in einen Garten, der von Säulen umgeben war. „Warte hier im Peristyl, ich werde dem Herrn eure Ankunft melden!" Dann war er verschwunden, und Servatus und Priscus betraten ebenfalls den ummauerten Garten. Wie weiß der Marmor am Wasserbecken glänzte! Marcus lief von einer Steinbank zur anderen und untersuchte die Sitzfläche. Sie war etwas kalt. Die Sonne hatte an Kraft verloren. Der Schatten legte sich bereits über den größten Teil der Sträucher und Marmorfiguren, die den Garten zierten.

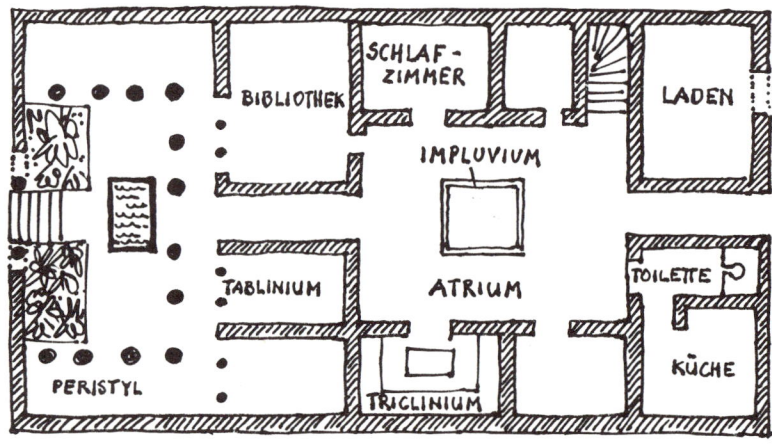

Grundriß einer Villa urbana (Stadthaus)

Da hörte Marcus Schritte, die sich rasch näherten. Und schon stürzte ein Junge aus dem Haus auf Marcus zu. „Rufus!" rief Marcus und umarmte seinen Vetter. „Er sieht so lustig aus mit seinen rotblonden Locken und den Sommersprossen", dachte Marcus. Und Rufus rief: „Endlich seid ihr da! Ich konnte es kaum erwarten!"

Da erschienen auch die anderen auf den Stufen des Hauses. Onkel Titus sah richtig feierlich aus in seiner weißen, eigens für den Besuch angelegten Toga, die in unzähligen Falten um seinen Körper fiel. An seiner Hand trug er einen Siegelring aus Gold.

Raumgestaltung mit Wandmalerei, Marmorsockel und Mosaik

Das sauber rasierte Gesicht mit den großen Augen und den buschigen Brauen blickte freundlich, als er sagte: „Willkommen in meinem Haus!"

Tante Livia, Mutter Paulinas Schwester, trug ein blaues Gewand, das ihr bis zu den Knöcheln reichte. Sie hatte sich für den Empfang der Gäste besonders schön geschmückt. Über ihren Schultern lag eine rote Stola aus Seide. Tante Livia begrüßte Marcus mit warmherzigen Worten. „Die Stimme ähnelt Mutters Stimme, doch ihre äußere Erscheinung ist viel vornehmer", dachte Marcus, nachdem er sich die Tante genau angeschaut hatte. Goldene Haarnadeln in der Hochfrisur! Amethyste in einer Goldkette am Hals! Hakenohrringe mit Smaragden und ein Armreif aus Gagat. Während Marcus seiner Tante von zu Hause erzählen mußte, schaute er immer wieder zu Rufus und dessen Schwester Claudia, die ihrer Mutter sehr ähnlich war. Auch sie trug schönen Schmuck.

Rufus bemerkte, wie Marcus Claudia erstaunt anblickte. „Den ganzen Morgen hat Suricula den beiden die Haare gesteckt, das Gewand gerichtet und die Wangen gepudert! Sie wollten sich von ihrer besten Seite zeigen!" „Claudia ist jetzt mit Fabius verlobt. Im nächsten Jahr soll die Hochzeit sein." Marcus dachte an seine beiden Schwestern und lachte. Er konnte sie sich nicht als Bräute vorstellen.

Marcus lernte auch die Diener kennen. Da war Silvia, die beste Köchin von Treveris, wie Rufus meinte, mit ihren Küchenhelferinnen. Dann wurde ihnen Abbo, der Gärtner, vorgestellt, ein Germane. Neben dem kräftigen Abbo erschien Josephus, der Sekretär des Onkels, eher schmächtig. Er trug einen Stift hinter dem Ohr. Noch ehe Marcus danach fragen konnte, war er schon wieder verschwunden. Und Suricula erschien schüchtern zwischen den Säulen. Die persönliche Betreuerin von Tante Livia und Claudia zog sich auf einen Wink hin rasch zurück. Priscus gehörte jetzt auch zu ihnen.

Nach der Begrüßung im Peristyl wurden die Gäste in den eigentlichen Empfangsraum, das Tablinium, geführt. Durch eine dämmrige Halle, vorbei an weißen und bunten Marmorfiguren, erreichten sie zunächst einen großen Raum, von dem mehrere Türen in andere Räume und zu einer Holztreppe führten. Der

Boden war mit schwarzen und weißen Mosaiksteinchen geschmückt. Die Wände zierten Malereien mit bunten Vögeln und Blumen auf rotem Grund. Dieser Raum war das Atrium. Es war überdacht bis auf einen kleinen Dachausschnitt, durch den Licht, aber auch der Regen eindringen konnten. Das Wasser wurde in einem Becken, das in den Boden eingelassen war, aufgefangen. Neben dem Atrium befand sich das Tablinium, der Empfangsraum. Onkel Titus bat die Gäste, Platz zu nehmen. Servatus und Priscus setzten sich auf Schemel wie Onkel Titus und Tante Livia. Marcus und Rufus blieben lieber stehen. Sie hatten sich viel zu erzählen. Während Iucundus ein Erfrischungsgetränk auf zwei kleinen Tischchen servierte, schaute Marcus immer wieder die vielen Mosaiksteinchen an, die auf dem Boden in vielen Farben neun Felder bildeten. „Sind das römische Sagengestalten?" fragte Marcus. Rufus lachte und wunderte sich: „Nein, das sind die neun Musen, kennst du sie nicht?" Musen, doch, er hatte schon

Mosaik mit diskutierenden Musen, den Patroninnen der Künste und Wissenschaften

davon gehört, aber genau kannte er sie nicht. Rufus zeigte ihm gern die göttlichen Vermittlerinnen der Künste und der Gelehrsamkeit. Doch Marcus konnte die vielen griechischen Namen nicht gleich behalten. Nur Euterpe, die Muse des Flötenspiels, Clio, die Muse der Geschichte, und Calliope, die Muse der Poesie und Philosophie, konnte er sich merken.

Plötzlich zog Rufus seinen neuen Freund die Treppe hinauf. Oben betraten die beiden Jungen ein Zimmer, in dem zwei Betten, zwei Schemel und ein Holzschränkchen standen. Durch ein Glasfenster fiel etwas Licht. „Hier ist unser Zimmer", sagte Rufus, „und dort ist dein Bett. Mein Bruder Mutius braucht es zur Zeit ja nicht!" Rufus sprang auf sein Bett, und Marcus fand, daß die Matratzen seines Bettes weich waren. Im Dämmerlicht fing Rufus an, von seinen Freunden Antonius, Caius und Sixtus zu erzählen. „Wir treffen uns oft auf dem Forum. Da ist immer etwas los. Heute sind mindestens sieben Menschen auf dem Öl ausgerutscht, das eine Magd beim Ölhändler Lupicinus gekauft und dann verschüttet hatte. Oft stellen sich Leute auf die Rednertribüne, die Rostra, und halten eine Ansprache. Es sieht lustig aus, wenn niemand zuhört. An manchen Tagen ist Markttag. Da kannst du sehen, welcher Händler am tüchtigsten seine Waren anpreisen kann. Ein Geschrei ist das, schlimmer als das Gebrüll von zehn hungrigen Löwen in der Arena.

Aber auch sonst passiert immer etwas in der Stadt. Vor ein paar Tagen wurden im Hafen mit Spezialkränen dicke Säulen ausgeladen für den Bau der Kaiserthermen. Der gesamte Decumanus maximus, die Hauptstraße, war für den Transport gesperrt. Du hättest die Leute schimpfen hören sollen! Ganz aufregend sind natürlich die Spiele im Circus und die Kämpfe im Amphitheater. Sie finden von Zeit zu Zeit statt. Aber im Sommer sind sie besonders großartig." Marcus war begeistert. Er wußte: Hier würde es ihm nicht so schnell langweilig werden.

Als Iucundus die beiden Jungen zum Essen rief, merkte Marcus, daß er schrecklichen Hunger hatte. Im Speisezimmer, dem Triclinium, standen drei Clinen, drei Liegen, in Hufeisenform um

einen Tisch herum. Rufus sprang auf das Polster und ließ seine
Schuhe nach hinten fallen. Marcus zögerte noch. „Dein Platz ist
neben mir!" rief Rufus und winkte. Im Liegen, gestützt auf den
linken Ellenbogen, schob Marcus einen Leckerbissen nach dem

Familienmahl mit Getränkeanrichte (links) und Speisenanrichte (rechts). Relief der Igeler Säule.

anderen in den Mund. Iucundus hatte die gewünschten Stücke an
einem Nebentisch zerkleinert und auf Silbertellern serviert. Silvia
und Suricula brachten auf Silberplatten die Speisen für die Gäste.
Marcus war von der Vielfalt ganz überrascht. Ob er alle Gerichte
kannte, wußte er nicht. Er wollte auf jeden Fall von allem probie-
ren. Da, die Pfaueneier, die Haselmäuse, Fisch, Salat, Spargel und

Trüffel! Marcus tunkte seine
Happen in die Fischsoße Ga-
rum, die den Speisen den
rechten Geschmack verlieh.
Immer wieder reinigten sich
die Tischgenossen ihre klebrigen Finger, indem sie sie in
Schalen mit Wasser tauchten
und an Servietten abtrockne-
ten.

Der Hauptgang bestand aus
den Fleischsorten: Wildbret,
Geflügel und Spanferkel-
fleisch, mit raffinierten Soßen
serviert. Iucundus zerlegte die

Silbergeschirr: Kanne, Schüssel und Teller

23

Braten kunstgerecht in kleine Happen, die mit den Fingern gegessen werden konnten. Zum Nachtisch gab es schließlich süßes Backwerk und Obst. Das alles wurde von Marcus, Rufus und Claudia mit Wasser hinuntergespült. Iucundus goß aus einem Krug den bereits gemischten Wein in die silbernen Trinkbecher der Erwachsenen. Marcus war bald ganz satt. So hatte er noch nie gespeist. „Der berühmte Koch Apicius hat sicher die Rezepte geliefert", meinte Marcus, zu Rufus gewandt. „Nein, nein, Silvia hat selbst schon Gerichte erfunden, die in der Stadt einmalig sind." Marcus war wirklich von Silvias Kochkunst begeistert. So gut hatte es ihm noch nie geschmeckt. Sicher würde es nicht immer so festlich zugehen wie an diesem Tag. In diesem Haus war für sein

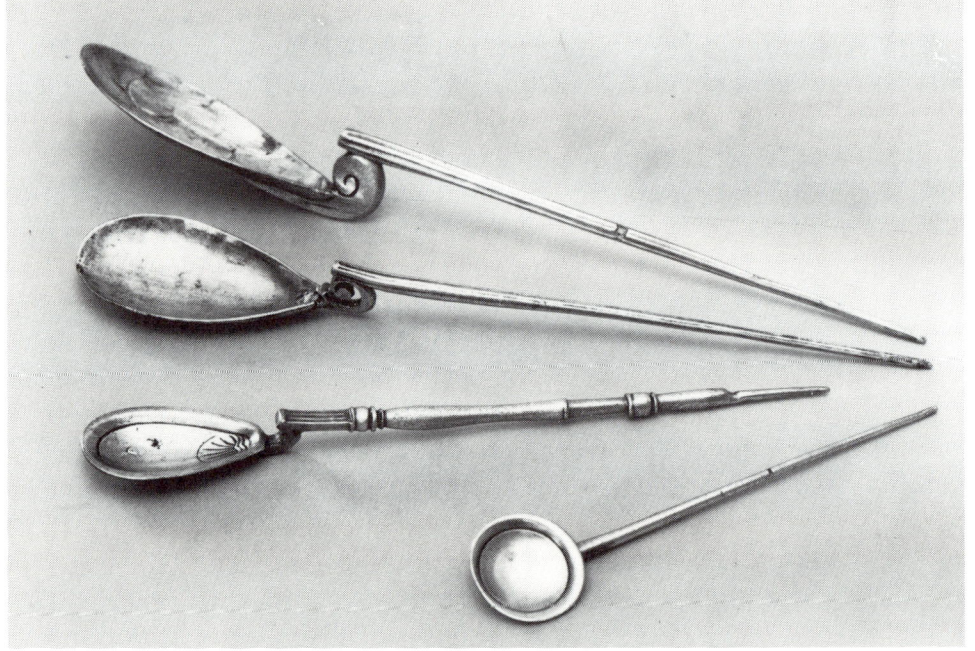

Silberlöffel

leibliches Wohl gut gesorgt. Das Essen hatte viel Zeit in Anspruch genommen. Mittlerweile war die Sonne völlig untergegangen, und Diener hatten unzählige Öllampen angezündet. Sie standen auf

24

Simsen an den Wänden, auf dem Boden oder hingen an Ständern oder Kandelabern.

Servatus unterhielt sich noch lange mit Onkel Titus. Es gab viel zu besprechen. Doch Marcus und Rufus durften endlich in ihr Zimmer gehen. Müde schleppte Marcus sich die Treppe hinauf. Er konnte den Schlaf nach dem guten Essen kaum noch abwehren. Seine Tunika, den Gürtel, die Schuhe warf er auf den Schemel neben seinem Bett.

Rufus sprach noch von Treveris, von der Schule und . . . Weiter hörte Marcus nichts mehr. Bevor er einschlief, nahm er sich vor, der Schutzgöttin Epona für die gute Reise ein Dankopfer zu bringen.

Zweites Kapitel

„Ist der Marktplatz wirklich Mittelpunkt der Stadt?"

Treffpunkt Forum

Rufus traf seine Freunde fast jeden Tag auf dem Forum. „Das ist das Herz der Stadt!" sagte Rufus, als die beiden durch die lärmende Menschenmenge über den großen Marktplatz schlenderten. Marcus verstand, warum dieser Platz ein besonderer Platz war. Hier spielte sich römisches Leben ab. Unter den langen Säulengängen waren viele kleine Geschäfte eingerichtet. Aber auch auf dem Platz selbst standen Buden und Verkaufsstände. Fische, Gemüse, Gewürze, Backwaren und allerlei Fleischsorten wurden angepriesen. Vor der Curia, dem Senatsgebäude, diskutierten die Stadtväter, die Senatoren, eifrig miteinander. Ihre weißen, langen Gewänder leuchteten aus der Menge hervor.

„Da, mein Vater!" rief Rufus und zeigte in Richtung Curia. Marcus konnte Onkel Titus nicht erkennen. Vor ihnen wurde eben eine Sänfte von acht Trägern niedergelassen. Eine Herrin schob den Vorhang zur Seite und ließ sich beim Aussteigen helfen. „Wo ist Onkel Titus?" wollte Marcus wissen und schaute umher. „Jetzt sind alle Senatoren in die Curia hineingegangen, heute wird über neue Wassersteuern abgestimmt. Vater ist einer der vielen Senatoren der Stadt. Außerdem hat er nicht weit von hier eine Kanzlei als kaiserlicher Steuerbeamter. Aber komm, ich sehe Antonius, Caius und Sixtus!"

Rufus zog Marcus am Ärmel der grünen Tunika. Tatsächlich, die drei Jungen saßen auf den Stufen der Curia und warteten. Jetzt winkte Sixtus den beiden zu. Da sagte Rufus: „Sixtus ist unser bester Sportler. Er freut sich schon auf einen Kampf mit dir. Wir werden sehen, wann wir ihn veranstalten können." Als die Jungen zusammenkamen, sagte Sixtus herausfordernd: „Grüß dich, Marcus, ist heute ein Tag, um unsere Kräfte zu messen?"

Marcus fühlte sich stark und kräftig. Zu Hause im Norden hatte er oft mit seinen Freunden gekämpft. Ihm war es recht. Doch da

26

Markttag auf dem Forum

meinte Rufus: „Wir warten noch etwas, hier ist kein guter Ort, um einen Kampf auszutragen!" „Da haben wir in den Thermen eine bessere Gelegenheit", meinte Antonius, das älteste Mitglied der Gruppe. Seine Meinung galt viel. Antonius blickte über das Forum und sagte: „In diesem Menschengewirr könntet ihr verlorengehen, Marcus und Sixtus." Dabei wandte er seine drahtige lange Gestalt den beiden zu. Seine dünnen Haare fielen spärlich in die hohe Stirn. Marcus schaute in Antonius' große, geheimnisvolle Augen. „Wo seid ihr so lange gewesen?" wollte Caius wissen. Er war der kleinste von ihnen. Seine Figur verriet sogleich, daß Essen seine Lieblingsbeschäftigung war. Auch jetzt kaute er immerzu etwas. In seinen Gewandfalten schienen geheime Schätze verborgen zu sein. Denn er suchte in den Falten seiner roten Tunika und zog etwas heraus: ein paar Kürbiskerne! Da sagte auch Marcus nicht nein. Getrocknete Kürbiskerne aß er lieber als den süßen Honigkuchen, den Caius sonst bei sich hatte. „Habt ihr den Meilenstein auf dem Forum studiert?" fragte Caius etwas spöttisch, denn er konnte sich nicht vorstellen, was an einem Meilenstein interessant sein sollte. Doch Rufus sagte zu seiner Überraschung: „Wir haben wirklich den Meilenstein angeschaut, Marcus wollte unbedingt den genauen Mittelpunkt der Stadt sehen." „Dort kreuzen sich die großen Straßen der Stadt, der Cardo maximus und der Decumanus maximus. Sie teilen die Stadt in vier gleiche Teile", sagte Sixtus. Rufus wollte Marcus noch mehr davon erzählen: „Der Cardo maximus reicht vom nördlichen Stadttor, der Porta Martis, bis zum südlichen Tor, der Porta Media." „Hinter diesen Toren liegen die großen Gräberfelder von Treveris", ergänzte Antonius. Caius berichtete: „Die große Ost-West-Achse, der Decumanus maximus, verbindet die Porta Inclyta an der Brücke mit dem Stadttor im Amphitheater." Die Jungen liefen jetzt zu dem großen Meilenstein auf dem Forum. Alle blickten suchend auf die Rundsäule, in der viele Buchstaben eingemeißelt waren.

Marcus las langsam die fremden Namen und ihre Entfernung von Treveris vor: „Mogontiacum (Mainz), Colonia Claudia Ara Agrippinensium (Köln), Confluentes (Koblenz), Divodurum

(Metz) und Argentorate (Straßburg)." Die Jungen erzählten, wo sie schon gewesen waren. Caius kannte viele Städte am Rhenus (Rhein). Er sagte: „Nur Divodurum (Metz) liegt in westlicher Richtung am Mosellafluß (Mosel) wie Treveris. Im Süden, im Osten, im Norden, erreichst du immer den gleichen Fluß." „Das kann ich mir einfach nicht vorstellen", sagte Sixtus kopfschüttelnd. „Und trotzdem ist es so", meinte Antonius, „es ist ein Zeichen dafür, daß der Rhenusstrom ein sehr großer und langer Strom ist. Marcus weiß sicher am besten, wie breit er bereits im Norden in der Nähe der Colonia Ulpia Traiana (Xanten) ist." Marcus nickte und sagte: „Auf unserer Reise sind wir sehr lange Zeit durch sein breites Tal gefahren."

Jetzt rief Sixtus: „Auf diesem Meilenstein steht nicht, wie viele Doppelschritte es zu den einzelnen Stadttoren sind. Und ich behaupte fest, daß sie alle gleich weit von diesem Punkt hier entfernt sind." Damit zeigte er auf die Rundsäule, um die sie noch immer standen. „Nein, niemals", rief Rufus, „ich glaube nicht, was du behauptest. Eine römische Stadt wird zwar genau geplant, doch sie muß sich auch nach Biegungen eines Flusses oder nach angrenzenden Bergen richten." Marcus nickte und schaute sich um. Doch er konnte über den Dächern der hohen Häuser keine Berge sehen. Sixtus gab nicht auf: „Eine römische Stadt wird sehr genau angelegt, alle Straßen verlaufen parallel, und die quadratischen Felder dazwischen, die man Insulae nennt, sind gleich groß." „Was ist dann mit der Porta Alba, dort über dem Tempelbezirk?" wollte Rufus wissen. Er zeigte in südliche Richtung. „Die Porta Alba liegt außerhalb des Achsenkreuzes und spielt hierbei keine Rolle", entgegnete Sixtus. Marcus kannte die Stadt noch nicht gut genug, um sich ein Urteil zu bilden. Deshalb schlug er vor, die Eltern zu fragen. „Ich glaube, der Weg zur Brücke ist doch kürzer als der zur Porta Martis", meinte Rufus. Antonius hatte lange nachgedacht. „Ich meine, der Weg zur Porta Media ist noch länger", sagte er.

So begannen sie sich zu streiten. Ein Wort ergab das andere, und schon waren sie dabei, Wetten abzuschließen. „Ich wette auf gleiche Entfernung", ereiferte sich Sixtus, der nicht gern nachgab.

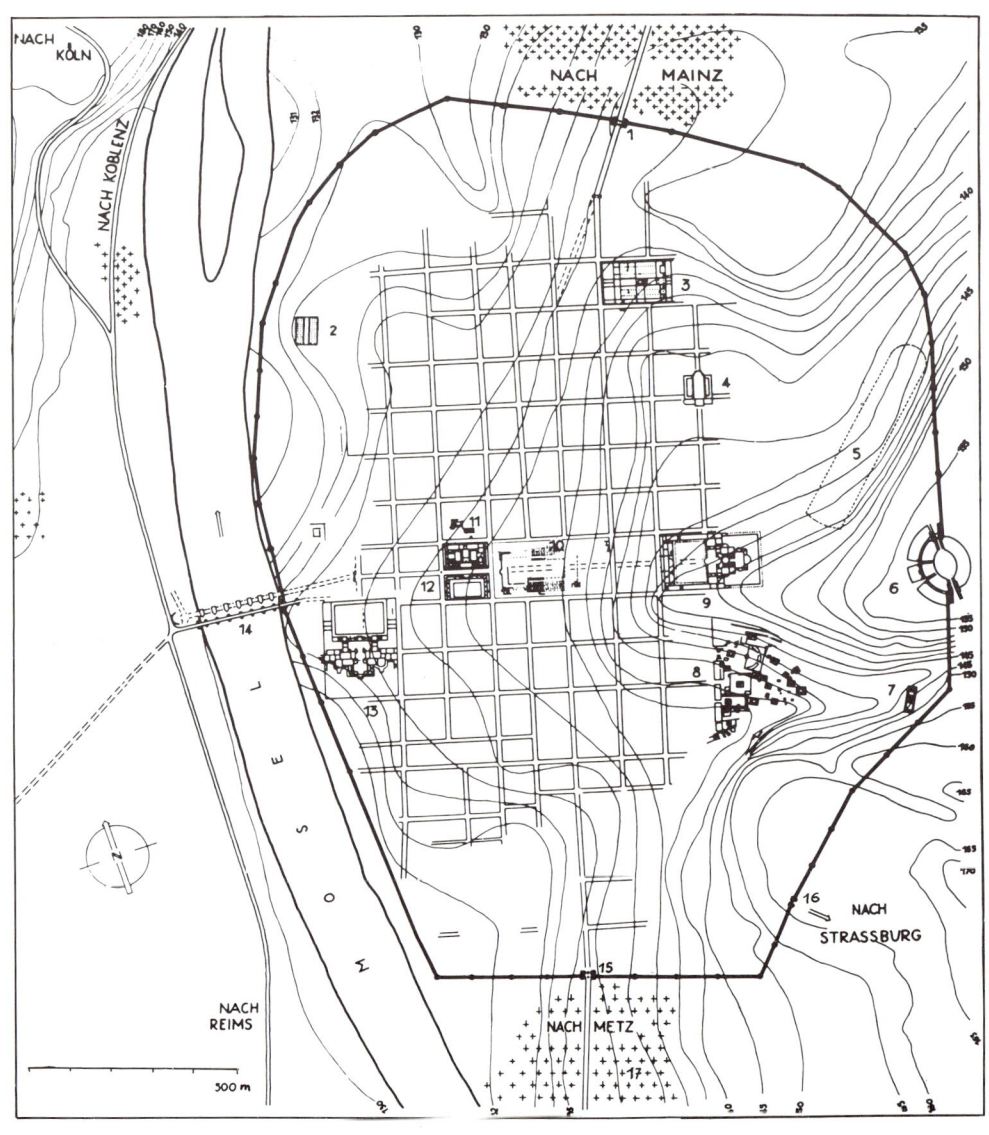

1 Porta Nigra (Porta Martis?), 2 Horrea (Getreidespeicher und Warenlager), 3 Doppelbasilika mit Vorgängerbauten des heutigen Domes, 4 Palastaula (Basilika), 5 Circus (Pferderennbahn), 6 Amphitheater, 7 Tempel am Herrenbrünnchen, 8 Tempelbezirk im Altbachtal, 9 Kaiserthermen, 10 Forum, 11/12 Palastartige Villen, 13 Barbarathermen, 14 Römerbrücke, 15 Südtor (Porta Media?), 16 Stadttor (Porta Alba?), 17 Südliches Gräberfeld mit Euchariusgruft.

Römische Straße mit Brunnen

31

Antonius wurde zum Schiedsrichter ernannt. Er lachte plötzlich und sagte: „Jetzt bekommen wir doch noch einen Kampf mit Sixtus, nur sieht er ein wenig anders aus. Ich schlage vor, wir schreiten alle Entfernungen selbst ab und messen in Doppelschritten wie die Legionäre!" Diesen Vorschlag fanden alle großartig. „Hier am Meilenstein auf dem Forum soll der Ausgangspunkt sein", rief Sixtus und rieb sich siegessicher die Hände.

Sofort begannen sie zu zählen, jeder für sich. Antonius schritt vorneweg, dahinter folgten Caius, Rufus, Marcus und Sixtus. „Unus, duo, tres, quattuor, quinque, sex, septem, octo, novem, decem . . ." Die Menschen auf der Straße schüttelten verständnislos die Köpfe, denn die kleine Kolonne, die zielstrebig nach Osten marschierte, erregte Aufmerksamkeit. Lange marschierten sie an der Großbaustelle vorbei, wo Kaiser Constantin eine prächtige Thermenanlage bauen ließ. Marcus mußte entsetzlich gut aufpassen, daß er mit dem Zählen nicht durcheinanderkam. Zu leicht ließ er sich ablenken. Da rechts, war das nicht der Tempelbezirk, von dem Rufus ihm schon die reinsten Wundergeschichten berichtet hatte? Wie viele Götter wurden hier seit Jahrhunderten verehrt? Kamen nicht Tausende von Pilgern mit Weihegaben in jedem Jahr von nah und fern hierher? Auch Vater Servatus hatte hier gleich nach ihrer Ankunft in Treveris den Di Cassus, den Göttern für glückliche Zufälle, drei Figürchen geopfert, für sich, für Priscus und für Marcus.

Jetzt hatte Marcus die Zahl der Schritte vergessen. Waren es dreihundert oder schon vierhundert Doppelschritte? Da hörte er Sixtus hinter sich laut vierhundert sagen. „Den Göttern sei Dank!" Marcus bemerkte, daß Rufus nach links zum Circus maximus hinüberschaute. „In ein paar Wochen beginnen die Fränkischen Spiele!" flüsterte Rufus nach hinten und schritt rasch weiter. Wie sehr freute Marcus sich schon auf die Wagenrennen im Circus!

Jetzt standen sie vor dem Amphitheater, das hier in die Stadtbefestigung miteinbezogen worden war. Sie nannten alle die Anzahl der gezählten Doppelschritte. Antonius schrieb die Ergebnisse mit dem Finger in den Sand: Caius: DCXX (620), Rufus: DIC

(599), Marcus: DXC (590), Sixtus: DCV (605) und er selbst DLXXX (580). Erstaunlich, wie nah die Ergebnisse beieinanderlagen! Antonius sagte: „Wir einigen uns auf sechshundert Doppelschritte (DC)." Diese Zahl konnten sich alle leicht merken. Dann liefen die Jungen am Wasserschloß, dem großen Wasserverteiler, vorbei. Hier mündete die Wasserleitung aus dem Erubristal (Ruwertal). Rufus sagte: „Von hier wird das Wasser auf die Stadtbrunnen, die Thermen, in die öffentlichen Anlagen und in die Privathäuser verteilt." Bald standen die Jungen wieder am Meilenstein. „Los, in entgegengesetzter Richtung, zur Brücke!" befahl Caius, der schon wieder am Kauen war. Die kleine Truppe setzte sich erneut in Bewegung. An der Längsseite des Forums entlang, vorbei an großen Palästen, führte der Weg unter Säulengängen, den Kolonnaden, zum Eingang der großen Thermenanlage, wo sich jung und alt meist nach getaner Arbeit traf. Von hier waren es nur noch wenige Schritte bis zum Tor. Ergebnis: D (500) Doppelschritte.

Auf einmal zogen dunkle Wolken am Himmel auf. „Es gibt bald einen Regenschauer!" meinte Sixtus. Und Rufus rief: „Schnell zum Forum, dort können wir am besten warten, bis der Regenguß vorüber ist." Sie liefen los. Es fielen schon schwere Tropfen vom Himmel, als sie die Kolonnaden des Forums erreichten. Fluchend bauten einige Händler ihre Regendächer auf, andere räumten ihren Stand zusammen. Der Regen war überraschend gekommen. Hoffentlich war er auch ebenso schnell vorüber!

Jedenfalls war das Wetter Gesprächsstoff bei den wartenden Kunden des Bartschneiders Theodosius. Er klapperte flink mit seiner Schere im Nacken eines Kunden, während sein Gehilfe in einem Schüsselchen Schaum anrührte.

Unter den Säulengängen war es eng geworden. Dichtgedrängt warteten Käufer und Händler hier den Regen ab. Marcus und Rufus versuchten, sich bis zur Garküche „Aurora" vorzuarbeiten, wo es immer etwas Warmes zu essen gab, heiße Würstchen oder einen Teller Suppe. Bei Schuster Vinardus klopfte ein Geselle

blanke Eisennägel in die Stiefelsohle eines jungen Mannes, der
ungeduldig auf einem Bein hüpfte.

Schwarzglänzende Tongefäße mit bunter Verzierung und Aufschriften

Nebenan beim Töpfer Sedulus zerrten zwei Frauen an einem
Henkeltopf aus weißem Ton. Beide wollten genau diesen haben.
Meister Sedulus versuchte, die Frauen mit anderen Waren zufrie-
denzustellen. Hier war reiche Auswahl: Neben den vielen Schüs-
seln, Tellern, Bechern und Schalen stand eine Menge Krüge in
den Regalen. Er führte auch das feine Tongeschirr vor. Es war
schwarzglänzend gebrannt und bunt verziert. Plötzlich stürzte aus
dem Glasladen des Posidonius von nebenan ein Gehilfe in den
Regen hinaus. Auf der Theke lagen blaue Glasscherben. Haare-
raufend schrie Posidonius mit hochrotem Kopf: „Du bringst mich
noch an den Bettelstab!"

Beim Uhrmacher Valentinus war es still. Niemand wollte eine der vielen Wasser-, Sand- oder Öluhren kaufen, die in den Regalen standen. Sie waren teuer. Nicht jeder konnte sich eine Uhr leisten. Der Meister saß auf einem Schemel. Er kannte Rufus und winkte: „Wollt ihr die kleinste Sonnenuhr der Welt sehen?" Das ließen sich die beiden nicht zweimal sagen. Geheimnisvoll kramte Valentinus in einem Ebenholzkästchen. „Das ist eine Taschensonnenuhr, so groß wie ein Hühnerei!" Marcus' Augen glänzten. So etwas hatte er noch nie gesehen.

„Leider", sprach der Meister und blickte zum Regenhimmel empor, „leider funktioniert sie heute nicht!" „Eine Uhr, die man überallhin mitnehmen kann?" fragte Rufus erstaunt. „Wenn die Sonne scheint", meinte Marcus, „können wir dann wiederkommen?" Valentinus nickte. Der Regen wurde schwächer, aber er hörte noch nicht auf.

„Au, au!" jammerte ein Junge mit zerschlissenem Rock beim Zahnarzt Artemius. Der Patient hielt sich die Wange mit der schmutzigen Hand. Der Vater des Jungen fingerte ungeduldig an seiner Lederschürze und sagte verdrießlich: „Wann sind wir denn endlich an der Reihe? Meinen Laden kann ich unmöglich länger allein lassen!" Genau in diesem Moment zog Artemius mit einer langen Zange den Zahn einer Patientin, die laut aufschrie. Jetzt hatte der Junge keine Zahnschmerzen mehr. „Sie sind weg", rief er, „Vater, die Schmerzen sind weg, komm, wir gehen!" Der Junge zerrte an der Schürze des Vaters, der kopfschüttelnd die Stufen zum Forum hinunterging. Marcus hörte noch die letzten Worte des Mannes: „Das ist nun schon das dritte Mal, daß ich unnötig meine Zeit..." Der Rest war nicht mehr zu verstehen, weil im Laden nebenan die Faust des Schreibers Amelius auf die dicke Schreibplatte donnerte, daß Tintenfaß und Griffelbüchse hochsprangen. „Jeder gezogene Zahn bei diesem Artemius kostet mich ein neues Blatt. Immer wenn ein Patient aufschreit, erschrecke ich mich so heftig, daß mir die Feder aus der Hand fährt und ich einen langen Tintenstrich über das Blatt ziehe. Wer bezahlt mir denn den teuren Papyrus? Gestern war es sogar ein Pergament! Ich werde mir einen neuen Schreibladen suchen müssen." Amelius konnte sich nicht beruhigen. Vor ihm saß geduldig ein Mann, der sich von ihm ein Schriftstück anfertigen lassen wollte, einen Vertrag vielleicht. Wahrscheinlich konnte er selbst nicht lesen und schreiben.

Vor der Garküche „Aurora" trafen sie Antonius, Sixtus und Caius wieder. Wie gut es hier roch! Aus den in der Theke eingebauten Rundtrögen stieg der Duft von warmem Wein mit Kümmel und heißen roten Würstchen mit Hirse- oder Haferbrei. Ein Kind hielt einen Teller bereit, um eine warme Mahlzeit zu kaufen. „Das ist sicher ein Kind aus den dreistöckigen Mietshäusern", sagte Rufus und zeigte in nordwestlicher Richtung. „Es ist verboten, dort Feuer anzuzünden, wie ihr alle wißt!" Marcus war erstaunt: „Kein Feuer, sagst du! Im Winter kalt und kein warmes Essen!" Caius schüttelte sich vor Unbehagen: „Keine warmen Pfannkuchen mit Kichererbsen!" Und Sixtus ergänzte: „Und kein warmes Wasser zum Baden!" „Wenn ich mir meine Mutter vorstelle, wenn sie im Winter über den kalten Marmorboden schreiten müßte, nein, unmöglich", sagte Rufus. „Bei uns sind fast alle Böden mit warmer Luft geheizt." „Diese Mietshäuser haben keine Heizungsanlage", sagte Antonius ernst, „keine Hypokausten, keine Hohlräume unter den Fußböden, wo die warme Luft zwischen den vielen Ziegelsteinsäulchen durchstreichen kann. Nein! Auch keine Hohlziegel (Tubulatur) in den Wänden, um die oberen Räume zu erwärmen!" Sixtus sagte dann: „Wenn es keine Heizung geben darf, dann ist auch kein Zentralofen da, also . . ." „Das ist doch klar", unterbrach ihn Antonius, „aber kannst du nicht verstehen, daß diese Menschen es auch einmal warm haben wollen und dann in einem Raum ein Feuer anzünden!"

Marcus stellte sich das genau vor: „Ohne gemauerte Feuerstelle?" Rufus schüttelte den Kopf: „Was meinst du, warum die Stadtväter vor einiger Zeit hier in der Curia ein Gesetz verabschiedet haben, das jeden schwer bestraft, der in diesen Häusern Feuer anzündet? Die Brandgefahr ist zu groß! Wohin auch mit dem heißen Kohlerauch? Da ist auch die Feuerwehr mit ihren Lederschläuchen machtlos. Bis das Wasser aus den öffentlichen Brunnen, die es zwar an jeder Ecke gibt, endlich herbeigeschafft ist, steht die halbe Straße schon in hellen Flammen. In Rom hat ein Feuer einmal fast alle Häuser vernichtet!"

Marcus war sehr beeindruckt.

Und es war Antonius, der aussprach, was Marcus dachte: „Unsere Baumeister haben die schwierigsten Aufgaben bewältigt. Sie haben meilenweit Wasserleitungen über Täler und durch Berge gebaut, um Wasser in die Städte zu schaffen. Sie haben Brückenpfeiler in breite und reißende Flüsse getrieben. Sie haben das größte Straßennetz der Welt angelegt. Aber sie haben es nicht verstanden, ein mehrstöckiges Haus mit einer Feuer- und Wasserstelle auszustatten!"

Alle waren betroffen. So hatten sie Antonius noch nie reden gehört. Er hatte sich richtig ereifert. War er nicht sogar zornig? Seine Rede klang wie die eines Redners auf dem Forum. „Was ist los mit dir?" wollte Sixtus wissen, „warum legst du dich so ins Zeug für dieses Lumpengesindel von Mietern?" „Was geht das uns an", sagte Caius, „unsere Eltern sind alle reich genug, um nicht zur Miete wohnen zu müssen!" Antonius war rot vor Zorn, doch er sagte nichts. Marcus wußte nicht, was er denken sollte. War er selbst denn einer von diesen vornehmen Römerjungen, die sich die Not der Armen nicht vorstellen konnten? Nein, er hatte Mitleid mit diesen Menschen wie Antonius.

„Was kann man dagegen tun?" fragte Marcus, an Antonius gewandt. „Ich schäme mich", sagte Antonius jetzt ganz leise, „ich schäme mich, daß mein Vater einer der reichsten Männer von Treveris ist. Er gibt sein Geld für reiche Gewänder und teuren Schmuck, auch für kostspielige Gastmähler aus. Aus aller Welt werden Waren geliefert, deren Transport allein schon ein Vermögen kostet!" Rufus war erschrocken: „Was sagst du da? Da schämst du dich? Das verstehe ich nicht. Ihr werdet beneidet, alle wollen es so gut haben wir ihr!" Und Sixtus raufte sich die Haare: „Du stellst alles auf den Kopf! Soll das heißen, daß du ein Herz für die Armen hast? Später kannst du ja dein Erbe verschenken, wie es die Christen tun!" Alle lachten laut auf. Nur Marcus sah, daß auch Antonius so ernst geblieben war wie er.

Endlich regnete es nicht mehr. Die Menschen strömten wieder auf die Straßen und Plätze. Die Jungen traten auch unter der Säulenportikus des Forums hervor.

„Wir hatten uns doch etwas vorgenommen!" sagte Rufus. „Ich bin neugierig, wer gewinnt!" sagte Marcus. Und Antonius lachte auf einmal wieder und sagte: „Bevor der nächste Regen kommt, wollen wir doch in südlicher Richtung zur Porta Media marschieren!" „Einen Augenblick noch", rief Caius, „ich muß schnell noch den Latrinen einen Besuch abstatten!" Und damit war er auch schon zu der öffentlichen Bedürfnisanstalt, den Toiletten, unterwegs. Marcus rannte entschlossen hinterher.

In dem fensterlosen Raum mit den beiden Türöffnungen konnten die zwei Jungen heute nicht so gemütlich auf einem der zwölf Sitzplätze hocken wie sonst. Heute hatten sie es eilig. Das Wasser spülte ständig wie ein fließender Bach unter ihnen durch. Schnell die Hände unter das Brunnenrohr gestreckt und hinaus zu den anderen. „Jetzt fehlt nur noch, daß Caius sich noch etwas Eßbares besorgen muß! Hat er nicht schon ewig ohne Essen auskommen müssen?" spotteten die Freunde. „Stellt euch vor, Caius bricht in einem plötzlichen Schwächeanfall zusammen, und eine Sänfte bringt den Armen zum Medicus!" lästerte Sixtus. Alle mußten laut lachen. Doch Caius war an diese Spötteleien gewöhnt. War er tatsächlich auf eine Idee gebracht worden? Er nestelte an seinem Lederbeutel am Gürtel. Triumphierend zog er eine Münze heraus.

Während Marcus mit seinen Freunden vor dem Obst- und Gemüseladen des Basilius wartete, flog aus dem Geflügelgeschäft des Comitius ein prächtiger Fasan heraus. Eine Verkäuferin stürzte hinterher. „Ist dieses Forum nicht ein herrliches Theater, Marcus?" rief Rufus begeistert und blickte dem Prachtvogel nach. Die Flucht fiel ihm schon schwer. Unter den Portikussäulen der Curia zog der Vogel seine Bahn bis gegenüber der Basilika, dem alten Gerichtshof. Zuletzt schoß er im Sturzflug über den Platz, genau auf die Rostra, die Rednertribüne. Dort blieb der Fasan erschöpft liegen. Die Verkäuferin packte das Tier und trug es in den Laden zurück.

Caius stand bereits mit einer Handvoll getrockneter Pflaumen neben den Wartenden.

Die Sonne näherte sich bereits dem Horizont. „Wollen wir nicht morgen den Rest des Weges messen?" schlug Antonius vor. „Es hat zu lange geregnet!" meinte Rufus, „setzen wir uns noch ein wenig zusammen." So beschlossen sie, vor der Forumsbasilika, wo die warme Abendsonne sie noch erreichte, Caius' Früchte in Ruhe zu essen.

Am nächsten Tag waren Marcus und Rufus als erste auf dem Marktplatz. Von den obersten Stufen der Curia aus hatten sie den besten Überblick über den Platz. Heute war er mit Verkaufsständen so dicht zugestellt, daß man nicht einen einzigen Pflasterstein dazwischen erkennen konnte. Aus der ganzen Gegend waren Händler gekommen, um hier ihre Waren anzubieten. Das Angebot war erstaunlich reichhaltig. Sogar aus fernen Ländern waren die Waren mit Schiff und Wagen herbeigeschafft worden. Die einheimischen Erzeugnisse wie Wein, Obst, Fisch und Fleisch, Wolle und Honig waren besonders vertreten. Die Fischhändler übertönten mit ihren lauten Rufen alle anderen Marktschreier: „Frischer Lachs!" „Frischer Salm!" „Tintenfische und Austern!"

Marcus lief das Wasser im Mund zusammen. Er beobachtete mit Freude das lautstarke Treiben der Verkäufer und Käufer. Plötzlich entstand am Geflügelstand ein Aufruhr. Aus dem Stimmengewirr konnte man die Worte verstehen: „Huhn gestohlen!" und „Haltet den Dieb!" „Wo sind die Aedilen, die Polizeibeamten!" Während alle Menschen sich um den Tumult am Geflügelstand kümmerten, beobachteten Marcus und Rufus einen ärmlich gekleideten Mann, der am Bäckerstand ein Brot schnappte. Er wollte es eben unter seinem kurzen Mantel verschwinden lassen, als der Bäcker ihn entdeckte. Mit geballten Fäusten und krebsrotem Gesicht schrie er: „Tagedieb, Lumpenpack!" Rasch flüchtete der Alte an den Fischständen vorbei in eine Seitenstraße. Die aufgebrachte Menge schaute ihm nach. Sie schimpfte laut. Doch niemand verfolgte die Diebe. Das war Aufgabe der Aedilen. Und von ihnen war heute keiner zu sehen.

„Wo Caius, Sixtus und Antonius nur bleiben?" sagte Rufus schließlich. Marcus hielt Ausschau. „Da", rief er, „leuchtet da nicht die rote Tunika von Caius, und die lange Gestalt mit dem blauen Gewand könnte Antonius sein." Tatsächlich, alle drei, auch Sixtus in eine gelbe Tunika gekleidet, kämpften sich durch die Menge. Dann winkte Antonius ihnen zu. Während Marcus noch einmal die langen Riemen seiner Lederschuhe band, stiegen die drei Freunde die Stufen hinauf. Caius wischte sich die Schweißtropfen von der Stirn. Er rang nach Atem und stöhnte: „Wenn ich hinter Sixtus herlaufen muß, fühle ich mich angetrieben wie ein Sklave in den Steinbrüchen oder auf den Galeerenschiffen."

Vor dem Aufbruch zur Porta Media erzählten Marcus und Rufus, was sie mittlerweile auf dem Forum erlebt hatten. Dann machten sie sich auf den Weg zum Meilenstein. Am Stand mit den Beinschnitzereien trafen sie Cornelia und Fedula. Marcus kannte sie schon. Die beiden Mädchen besuchten die gleiche Schule wie Marcus, Rufus, Antonius, Sixtus und Caius. „Kauft ihr einen neuen Griffel?" fragte Marcus und schaute unentwegt auf Fedulas schwarze lange Locken, die heute wieder besonders kunstgerecht zusammengesteckt waren. Fedulas dunkle Augen blickten Marcus freundlich an. Sie sagte: „Lehrer Xenosophos würde sich freuen, wenn ich einen neuen Stilus hätte. Nein, heute suche ich einen Kamm, und Cornelia möchte sich einen Würfel und Haarnadeln kaufen." Marcus schaute sich die Waren an. Dann kam ihm eine Idee: „Wollt ihr beide nicht mit uns gehen?" sagte er. „Warum nicht", meinten die Mädchen, als sie erfuhren, was die Jungen vorhatten.

Und schon marschierten alle in südliche Richtung. Marcus hatte Fedula vor sich in die Reihe gelassen. Er schaute immer wieder auf Fedulas Obergewand mit der rot-gold-gestickten Bordüre und auf die Riemchenschuhe aus zartem Leder. Marcus ließ sich leicht ablenken. Schon wieder hatte er sich verzählt.

Am nächsten Brunnen tranken die Kinder Wasser. „Zählen macht die Kehle trocken," meinte Cornelia. Ihre blonden Haare hingen über dem Wasser, das aus dem Mund eines mächtigen Steingesichtes sprudelte. Die Läden waren nicht alle geöffnet. Dennoch waren viele Menschen unterwegs. Vielleicht wollten sie zum Markt oder zu den Töpferhandlungen hier in der Nähe.

Nach vielen Schritten gelangten sie zum Südtor. Hier schrieben sie alle ihre Ergebnisse auf einen Straßenstein. Caius hatte über hundert Schritte mehr als die anderen gezählt. „Das kann nicht stimmen!" meinte Antonius, „du bist im Gänseschritt getrippelt!" Die anderen Ergebnisse lagen um DCCL (750) Doppelschritte. Jetzt war deutlich zu erkennen, daß der Stadtplan nicht genau abgesteckt worden war. Wer hatte den Plan zu Beginn ihrer Wette richtig eingeschätzt? Wegen Caius zählten sie auf dem Rückweg die Schritte noch einmal.

Über den Bürgersteig unter den Kolonnaden des Cardo maximus marschierten sie zurück. Fedula hielt sich immer die Ohren zu, wenn ein Wagen über das Pflaster donnerte. Mehrere Karren des Tuchhändlers Secundinius rollten mit verschnürter Ladung an ihnen vorbei. Er hatte seine Webereien und Walkereien am

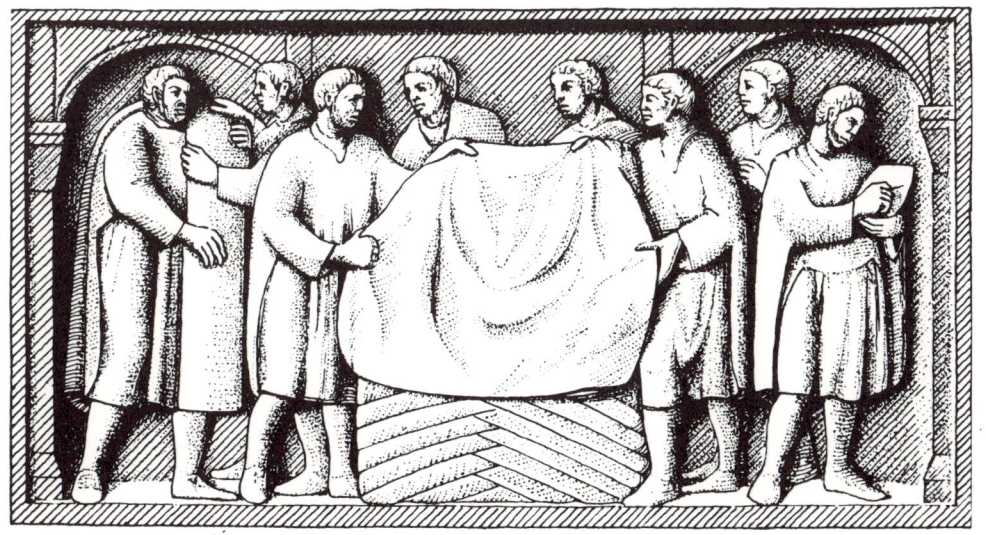

Tuchprobe. Relief der Igeler Säule, des Grabmals der reichen Tuchhändlerfamilie der Secundinii.

anderen Ufer der Mosella. Auf dem Forum hatten sie ihre liebe Not, durch das Gedränge auf direktem Wege zum Meilenstein zu kommen. Diesmal wurde Caius' Zahlenstand akzeptiert. Man einigte sich auf DCCL (750) Doppelschritte. Antonius war plötzlich verschwunden und tauchte nach wenigen Augenblicken wieder auf. Freudestrahlend hielt er zwei zusammengeklappte Wachstäfelchen in der Hand. Im Büro seines Vaters waren sie in großen Mengen vorhanden. Die Schreiber benutzten sie für Notizen, Abrechnungen, aber auch für Briefe. Marcus kannte die Wachstäfelchen gut. In der Schule wurden sie zum Schreiben benutzt.

Antonius ritzte mit dem Griffel ein paar Striche in die schwarze Wachsschicht und notierte die Zahlen. „So, jetzt muß ich mir nicht alles im Kopf behalten!"

Die Zeit reichte noch, um den Cardo maximus weiter bis zur Porta Martis abzuschreiten. Nur Fedula und Cornelia wollten nicht mehr. „Ich habe meiner Mutter versprochen, heute mit ihr auf der Lyra zu musizieren", sagte Fedula. Und Cornelia wollte nicht mit den Jungen alleine bleiben. „Ich muß noch ein Stück Stoff weben, das soll bald fertig sein." Dann entfernten sich die beiden. „Schade", dachte Marcus, aber laut sagte er: „Los, wir wollen uns auf den Weg machen!"

Es war jetzt schon nicht mehr so heiß wie zur Mittagszeit. Die meisten Läden an der Prachtstraße zum Nordtor hatten bereits wieder geöffnet. Durch dieses Tor führte die Straße in Richtung Mogontiacum (Mainz). Dort war das größte Militärlager an der Grenze zum Germanenreich. Viele Soldaten waren dort in einem riesigen Kastell untergebracht. In Treveris gab es außer der kaiserlichen Leibgarde wenig Soldaten. Von Treveris aus wurden die Legionäre in den vielen Kastellen mit Nahrung und Waren versorgt. Nur eine Tagesreise weit flußabwärts lag bereits das nächste Kastell in dieser Richtung. Es hieß Noviomagus (Neumagen).

Marcus schritt hinter Rufus her: Rechter Fuß oben auf dem Randstein, linker Fuß unten auf der Straße. Nur an den Abflußlöchern hieß es aufgepaßt! Zu spät! Marcus trat genau hinein und stürzte. Der Knöchel unter den dünnen Riemen schwoll schnell

an. Oh, das tat weh! Caius hatte bemerkt, was geschehen war. Er setzte sich neben den stöhnenden Marcus und rieb dessen Fuß. „Kühlen mußt du", sagte eine Frau, die mit einem Wasserkrug, einer Amphore, vorbeiging. Marcus schleppte sich zum nächsten Brunnen, der nur ein paar Schritte entfernt war. Dann kühlte er den Knöchel mit dem frischen, kalten Wasser. Die Schwellung ging etwas zurück. „Ich habe schon wieder Hunger", jammerte Caius und fragte Marcus: „Hast du nichts Eßbares bei dir?" Marcus konnte jetzt nicht an Essen denken. Er sagte nur: „Wir haben die anderen verloren, laß uns gehen!" Dann humpelte er weiter, auf Caius' Arm gestützt.

In der Nähe des kaiserlichen Palastes kam den beiden eine Kolonne von Legionären entgegen, an ihrer Spitze ein Reiter. Die beiden Jungen blieben stehen. Sie schauten sich die Männer genau an. Die genagelten Stiefel der Soldaten schlugen laut auf das Pflaster. Die Helme blitzten in der Sonne. Jeder trug ein Kettenhemd und einen Lendenschurz, in der einen Hand den Schild, in der anderen die Lanze. Auf dem Rücken schleppten sie den schweren Rucksack. Marcus sah den Legionären die Anstrengung eines langen, beschwerlichen Marsches an.

Antonius, Rufus und Sixtus waren auch stehengeblieben. „Seht nur", rief Rufus, „sie haben Schwerter im Gürtel stecken wie die Gladiatoren in der Arena!" Die Kolonne bog zum Kaiserpalast ab. „Was wollen so viele Legionäre hier in Treveris?" wollte Antonius wissen. Keiner wußte eine Antwort. Marcus meinte: „Vielleicht hat die kaiserliche Familie Schutz angefordert, weil die

Germanen heute nacht die Stadt stürmen!" Das hielten alle für sehr unwahrscheinlich.

„Los!" forderte Antonius die anderen auf, „wir bringen unser Vorhaben zu Ende!" Es war nicht mehr weit bis zur Porta Martis. Sie zählten die letzten Schritte, als Rufus auch schon begeistert ausrief: „Genau mille passus!" Marcus verstand: „Tausend Doppelschritte, also genau eine römische Meile!" (etwa 1 500 m). Jetzt konnten alle Entfernungen zu den vier Stadttoren genau verglichen werden: Antonius notierte auf seiner Wachstafel: Forum — Porta Martis M (1 000), Porta Media DCCL (750), Porta im Amphitheater DC (600), Porta Inclyta D (500) Doppelschritte.

„Das Forum liegt doch nicht genau in der Mitte der Stadt!" stellte Sixtus fest. Er mußte seine Meinung ändern. Eine römische Stadt wurde zwar auf dem Reißbrett entworfen, doch auch in die Landschaft günstig eingepaßt. Antonius ermittelte Caius als Sieger. Dieser schaute erstaunt. Er konnte nicht glauben, daß er so gut gewettet hatte. Zu seinem Sieg wollte er allen eine Portion Nüsse spendieren. „Wollt ihr Haselnüsse oder Walnüsse?" fragte er. „Beides!" riefen Rufus und Sixtus lachend. Durch die engen Gassen im westlichen Stadtteil, wo die großen Mietshäuser standen, schlenderten sie in Richtung Forum zurück. Auf der Gasse spielten Kinder mit einem Ball. Hoppla, wie weich er war. Marcus hatte ihn aufgefangen und das dünne Leder zusammengedrückt. „Stoff und Federn", dachte er und warf den Ball wieder zurück. Der war viel zu weich für seinen Geschmack. Jetzt kamen den Jungen zwei Frauen entgegen, die Tonkrüge im Arm trugen. Die Amphoren schaukelten. Ab und zu schwappte ein wenig Wasser auf die Straße. Da rollte plötzlich der Ball genau zwischen die Füße der kleineren Frau. Sie erschrak heftig und ließ ihren Krug fallen. Er lag in tausend Scherben auf dem Pflaster. „Schnell weg hier!" sagte Rufus, „unsere Väter wollen nicht, daß wir uns in diesem Viertel aufhalten und am Ende noch vor Gericht kommen!"

Marcus wunderte sich, wie schnell auch die Kinder verschwunden waren, die eben noch hier gespielt hatten. Auch Marcus und seine Freunde eilten um die nächste Ecke und ein paar Insulae weiter. Keuchend blieben sie schließlich stehen. Wo waren sie? Hierher kamen sie nicht oft! Richtig, das war die Gegend, wo die mehrstöckigen Häuser standen. Und Abwasserkanäle gab es hier auch nicht. Pfui, wie das stank! Katzen streunten umher und Ratten verschwanden in Mauerritzen. „Vorsicht!" rief Rufus und zog Marcus heftig zur Seite. Eine Frau kippte eine Ladung Schmutzwasser aus dem Fenster auf die Straße. „Spülwasser!" meinte Sixtus. „Oder noch etwas Schlimmeres!" meinte Caius. Sixtus rief angewidert: „Jetzt aber auf dem schnellsten Weg zum Forum!" Dort packten die meisten Händler ihre Waren ein und räumten Tische und Planen zusammen. Eselskarren warteten. Bald würde der Platz wieder ebenso frei sein wie an den Wochentagen, an denen kein Markttag war. Hin und wieder fanden auch Versteigerungen von Korn, Fischen und Wein statt!

Es war höchste Zeit, die Nüsse zu kaufen. Caius hatte heute besonderes Glück. Er bekam den gesamten Rest an Wal- und Haselnüssen für ein paar Sesterzen. „Ich will den Korb leer haben, wenn ich nach Hause fahre", sagte Händler Damasius. Caius trug die Beute in seinem Gewand, das er vorn mit beiden Händen hochhielt. Alle freuten sich. Sie konnten eine Stärkung vertragen! Auf ihrem Lieblingsplatz klopften sie mit einem Stein die Nüsse auf und ließen sie sich schmecken.

Da sprang eine Nuß die Stufen hinunter. Sie war Marcus entwischt. Das brachte Sixtus auf eine Idee: „Haben wir nicht noch Zeit, mit den Nüssen zu spielen?" „Eine gute Idee!" rief Caius. „Was können wir hier spielen?" fragte Marcus. Rufus meinte: „Für unser Lieblingsspiel Orca fehlt uns ein Tongefäß. Hat nicht zufällig ein Händler einen Tonkrug, eine Amphore, stehengelassen?" Alle schauten sich suchend um. Vergeblich. Es war kein Gefäß zu sehen, in das man hätte Nüsse werfen können. „Wenn wir einen Kreidestein hätten, könnten wir das Delta-Spiel spielen", überlegte Antonius laut. „Wir spielen Nüsse-Türme", sagte Rufus entschieden, „dazu brauchen wir nur Nüsse."

Also bauten sie mehrere Walnußtürme auf, jeweils auf drei Nüsse eine vierte. Caius durfte beginnen. In einer Entfernung von vier Schritten versuchte er, mit der ersten seiner fünf Nüsse das Walnußtürmchen zu treffen und auseinanderzutreiben. Doch der erste Wurf ging daneben.

Jetzt war Antonius an der Reihe. Er hatte Glück und durfte die getroffenen Nüsse behalten. Rufus baute das verschwundene Häufchen aus dem Vorrat wieder auf und warf seine Nuß. Daneben! Auch Marcus schaffte es nicht. Aber Sixtus traf beim ersten Versuch. Alle hatten fünf Nüsse als Startkapital in der Hand gehabt. Jetzt hatten Antonius und Sixtus noch dazu die gewonnenen Nüsse. Mit Eifer waren sie bei der Sache. Zweite und dritte Runde! Jeder versuchte, die meisten Walnüsse zu ergattern. Caius warf immer daneben. Jetzt wurde er so wütend, daß er die gesamten Nüsse mit einem Tritt die Stufen hinunterstieß. Es war inzwischen auch spät geworden. Antonius stellte fest, daß Sixtus mit XXIV (24) Nüssen hoch gewonnen hatte.

Drittes Kapitel

„Nicht für die Schule, sondern für das Leben lernen wir!"

In der Schule

Marcus erwachte. Benommen schaute er sich im Zimmer um. Die Sonne schien hell durch das kleine Glasfenster. Es bildeten sich seltsame Schatten auf der ochsenblutroten Wand. Die Sonne! Sonst wurden Rufus und Marcus doch bereits vor Sonnenaufgang von Iucundus geweckt, um rechtzeitig zur Schule zu gehen. Heute war alles ganz anders! Was war geschehen? Wo war Rufus? Die Bettmatratze war verlassen, die Leinendecke zurückgeschlagen. Das Gewand fehlte und tatsächlich auch der Schulbeutel. Verdammt! Warum war Rufus ohne Marcus zur Schule gegangen?

Plötzlich stand Marcus hellwach auf dem kalten Estrich neben dem Bettkasten. Für ihn gab es nur noch einen Gedanken: So schnell wie möglich hinter Rufus her! Rasch warf er die safrangelbe Tunika, das Leinenobergewand mit den kurzen Ärmeln, über die Nachttunika und band den Gürtel um die Hüfte. Jetzt noch die Riemen seiner Ledersandalen zugebunden! Während Marcus sich zu seinen Füßen neigte, durchzuckten heftige Stiche seinen Kopf. Aber auch in seinem Bauch meldete sich ein unangenehmes Gefühl. Marcus sank mutlos auf sein Bett zurück. Was war los mit ihm? War er krank?

Während er seine schmerzenden Schläfen rieb, erinnerte er sich: Den Vorabend hatten sie alle, Onkel Titus, Tante Livia, Claudia mit ihrem Verlobten Fabius, Rufus und Marcus bei einem Gastmahl bei Caius' Familie verbracht. Es war spät geworden. Aber hatte Marcus nicht auch den honiggesüßten Wein von den Hängen des Saravus (Saartal) gekostet? Sehr gut hatte er geschmeckt. Rufus' Warnungen hatte Marcus überhört: „Du darfst nicht so viel davon trinken, unverdünnt verursacht er leicht Übelkeit!"

Marcus fürchtete die Predigt seines Lehrers Xenosophos. Der ließ sich kaum eine Gelegenheit entgehen, das Verhalten seiner

Steckkalender mit den Wochentagen in der oberen Reihe (v. l.):

dargestellte Tagesgottheit	Wochentag (germanischer Gott)	Wochentag in anderen Sprachen (engl./frz.)
Saturn	Samstag	Saturday
Sol	Sonntag	Sunday
Luna	Montag	Lundi
Mars	Dienstag (Thinxus)	Mardi
Merkur	Mittwoch	Mercredi
Jupiter	Donnerstag (Donar)	Thursday/Jeudi
Venus	Freitag (Frija)	Friday/Vendredi

Schüler zu tadeln. Was würde er sagen, wenn er erfuhr, daß Marcus wegen dieser Lasterhaftigkeit dem Unterricht ferngeblieben war? Marcus war klar, er würde zu spät zur Schule kommen. An Waschen und Kämmen war deshalb nicht zu denken. Dafür war am Nachmittag in den Thermen noch Zeit. Doch halt! Die Schulsachen nicht vergessen: das Wachstafelbuch mit dem Stilus, dem Griffel.

Im Atrium warf Marcus noch einen Blick auf den Steckkalender und die Wasseruhr. Das Tonstiftchen war in das Loch unter dem Tag des Mars (Dienstag) gesteckt. Die Wasseruhr zeigte die dritte Stunde nach Sonnenaufgang. Wo Iucundus nur war? Nicht einmal Silvia hielt sich wie gewöhnlich morgens in der Küche auf. Marcus griff sich einen Rest hartes Brot und eilte hinaus. Sehnsüchtig dachte er an die knusprigen warmen Brötchen, die Rufus und er sich sonst jeden Morgen bei Lucius, dem Bäcker, zum Frühstück kauften. Wie herrlich roch dann die Stadt nach dem frischen Brot!

Heute zogen am Forum andere Gerüche in Marcus' Nase! Rosen- und Myrtendürfte, wie viele Frauen sie schätzten, vermischten sich mit allerlei Gewürzen und Waren, die hier angeboten wurden. Die Vielfalt der Gerüche verstärkte Marcus' Übelkeit. Dazu kam das unerträgliche Gedränge der lärmenden Menschenmenge, die um diese Zeit unterwegs war. Hier war kein Weiterkommen! So erdrückend hatte Marcus das städtische Leben noch nicht empfunden.

Plötzlich sah er schwarz. Seine Knie zitterten. Er merkte, wie er auf die Marmorstufen vor der Basilika auf dem Forum niedersank. Im Geiste sah er schon seinen Lehrer Xenosophos mit finsterem Blick und erhobenem Rohrstock auf sich zukommen. Dabei stand Xenosophos auf einem riesigen Sockel seines auch sonst erhöhten Platzes und wuchs immer höher. Er nahm eine so bedrohliche Haltung ein, daß Marcus sich am liebsten in eine Maus verwandelt hätte, um in einem Loch verschwinden zu können!

Da hörte Marcus die weinende Stimme eines Kindes. Das war doch nicht Cornelias Stimme aus seiner Klasse, nein, auch nicht die von Fedula. Marcus kam wieder zu sich. Er schlug die Augen auf und schaute sich um. Er fühlte sich hundeelend. Wer jammerte da?

Jetzt entdeckte Marcus die Schar jüngerer Kinder, die hier am Forum ihren Anfangsunterricht erhielten. Der Lehrer der Elementarschule zog eben einem Jungen die Ohren lang und tippte dabei bedrohlich mit dem Stock auf den Boden, daß es widerhallte. Schrecklich für diejenigen, die vor aller Augen die Buchstaben lernen mußten. Doch hier schien es im Augenblick um das Erlernen der Zahlzeichen zu gehen, die mit den Fingern und Händen ausgedrückt werden konnten. Marcus hörte den Lehrer schimpfen: „Wann begreifst du endlich, daß die Zahlen bis hundert an der linken Hand gezeigt werden und die höheren Zahlen an der rechten!" Der Junge verzog das Gesicht und betrachtete hilflos beide Hände. Marcus erinnerte sich, daß er selbst sehr schnell die verschiedenen Stellungen der Finger gelernt hatte, um die Zahlen auszudrücken. Er wußte, wieviel Finger gezeigt, welche halb oder ganz gebeugt und an welcher Hand die Zahl gezeigt werden mußte.

„Gut, daß ich nicht mehr die Elementarschule besuchen muß", dachte Marcus. Er ging jetzt mit seinen Freunden zur Grammatikschule. Sein Lehrer Xenosophos war Grieche wie alle guten Lehrer. Er war streng, das wußte Marcus, doch er benutzte nie den Stock, um seinen Schülern den Lehrstoff einzuprügeln. Die Eltern von Antonius, Caius, Sixtus, Fedula, Cornelia und Rufus hatten den Lehrer eingestellt. Sie sorgten für seine Bezahlung und stellten den Schulraum zur Verfügung. In der Villa des Lupicinus, in Fedulas Elternhaus, war der Klassenraum eingerichtet worden. Der Raum war zur Straße hin offen. Die Schüler schauten gern auf die Straße hinaus, um sich die Zeit zu vertreiben. Das hatte „Sophos", der „Weise", wie die Schüler ihren Lehrer nannten, gar nicht gern.

Immer noch saß Marcus auf den Stufen der Basilika. Wenn er so weiter trödelte, lief er am Ende Gefahr, daß Sophos mit seinem Unterricht zu Ende war.

Wo war sein Wachstafelbuch? Marcus schaute sich um. Am Sockel einer Rundsäule lag es. Offensichtlich war jemand daraufgetreten. Die Fußspuren waren deutlich zu erkennen. Es fehlte nur noch, daß der Holzrahmen der beiden Täfelchen oder der Griffel gebrochen waren! Zum Glück war alles noch heil!

Endlich hatte Marcus das Forum hinter sich. Er wischte sich die klebrigen Locken aus der Stirn und lief der Villa des Lupicinus entgegen. Bald konnte er die Stimme des Lehrers hören. Sie wurde zwischen den Säulen der Laubengänge hindurch auf die ruhige Straße hinaus getragen: „Non scolae, sed vitae discimus!" „Nicht für die Schule, sondern für das Leben lernen wir!" Wie oft hatten die Schüler diesen Spruch schon gehört? Auch Marcus, der die Schule des Xenosophos noch nicht lange besuchte, kannte ihn gut.

Vorsichtig schlich sich Marcus an der Mauer entlang, auf der die Namen vieler Schüler und eine Menge anderer Zeichen eingeritzt waren, Alphabetreihen vorwärts und rückwärts. Sein eigener Name stand auch dabei. Rufus hatte ihn am ersten Schultag vor ein paar Wochen für Marcus eingeritzt. Aber auch die Namen der Freunde Antonius, Caius, Sixtus und die der Mädchen Cornelia und Fedula waren in den ockergelben Putz gekratzt.

Jetzt konnte Marcus alle Schüler sehen. Auf hochlehnigen Sesseln aus Holz und Weidengeflecht saßen sie um den erhabenen Sitz des Lehrers. Sophos hatte wie immer seine Füße auf das Fußbänkchen gestellt, wie es nur ihm zustand. Die Schüler steckten ihre Köpfe in alte Pergamentrollen. „Wahrscheinlich lesen sie aus der ‚Aeneis‘ von Publius Vergilius Maro“, dachte Marcus. Und tatsächlich forderte Sophos auf, aus dem bedeutendsten römischen Heldenepos vorzutragen. „Wer kann die ersten Zeilen im richtigen Versmaß aus dem Gedächtnis aufsagen?“ Sophos schaute in die Runde. Fedula meldete sich. Sophos war erstaunt: „Du willst versuchen, aus dem Werk unseres hochverehrten Dichters Publius Vergilius Maro den Beginn der Sagendichtung um die Gründung Roms vorzutragen!“ Jetzt konnte Marcus unmöglich den Raum betreten. Da begann Fedula mit sicherer Stimme:
„Arma virumque cano, Troiae qui primus ab oris
Italiam fato profugus Lavianaque venit
Litora . . .
Singen nun will ich von Kämpfen und von dem Mann, der zuerst von Trojas Gestade, vom Schicksal verbannt, zu Laviniums Küste, nach Italien kam . . .

Da stolperte Marcus über die Stufen. Sofort waren aller Augen auf ihn gerichtet. Die Schüler ließen ihre Schriftrollen sinken. Der Lehrer blickte erstaunt hoch. Zögernd betrat Marcus den Raum. Er erhob die rechte Hand und grüßte: „Salve!“ Xenosophos' Blick wurde ernst, als der Nachzügler nähertrat. Im Raum war Totenstille. Da erhob sich der Lehrmeister von seinem Platz, legte die Hände auf den Rücken und schritt durch den Raum. An den

Schulszene mit Lehrer und drei Schülern. Der jüngere mit einem Bündel von Schreibtäfelchen löst wohl seine älteren, in Schriftrollen studierenden Brüder im Hausunterricht ab.

beiden Wandnischen mit den Porträts der griechischen Dichter Homer und Hesiod vorbei ging er bis zur Rückwand, an der er vor dem Schrank mit den Papyrus- und Pergamentrollen stehenblieb. Warum sagte er nicht endlich etwas? Marcus hätte sich am liebsten in den leeren Sessel neben Rufus gesetzt. Marcus schaute Rufus an. Was wollte dieser ihm sagen? Rufus gab ihm Zeichen mit der Hand, die er jedoch nicht verstand. Marcus' Kopfschmerzen verschlimmerten sich jetzt. Die Freunde schauten sich hilflos an. Antonius band schließlich seine langen Schuhriemen neu. Fedula richtete die Falten ihres blauen Gewandes, und Cornelia putzte sich die Nase. Sixtus polierte sich die Fingernägel an seiner grünen Tunika. Da riß Caius eine so komische Fratze, daß Marcus lachen mußte und sich in einen Hustenanfall rettete.

Endlich wandte Sophos sich mit zornigen Augen dem Langschläfer zu. Er strich sich energisch über den vollen Bart, und die erwartete Strafpredigt begann: „Marcus, Sohn des Servatus und Neffe unseres verehrten Titus! Du gehst nun schon lange genug in meine Schule, um zu wissen, daß ich keine Nachlässigkeiten dulde. Meine Schüler zeichnen sich aus durch vorbildliches Verhalten, durch eiserne Disziplin, durch ungewöhnlichen Fleiß und durch außerordentliches Pflicht- und Ehrgefühl! Die Gastmähler im Hause Maurus' sind mir bekannt. Sie sind ausschweifend und dauern bis tief in die Nacht, länger, als das für einen Schüler deines Alters zuträglich ist, und sie sind Stadtgespräch. So weiß ich auch, daß du deine erste schmerzhafte Erfahrung mit dem Weintrinken gemacht hast. Stimmt's?" Marcus nickte zustimmend, mehr erlöst als betroffen. Woher wußte Sophos das? Marcus war erstaunt. Doch der Lehrer fügte seiner Predigt noch hinzu: „Du wirst dieses Stück aus der Aeneis abschreiben, da hast du eine kleine Strafe für die versäumte Schulzeit." Dabei zeigte Sophos auf ein langes Stück auf der Rolle. Dafür würde er Stunden und mehrere Wachstafeln benötigen.

Dann war es endlich vorbei. Marcus durfte sich setzen. „Es hätte schlimmer kommen können", dachte er und atmete erleichtert auf. Xenosophos forderte ihn auf, sich eine Rolle aus dem Schrank zu holen und daraus vorzulesen. Anfänglich stolperte er noch ein paarmal über das Versmaß, doch dann fand Marcus sich immer besser in den Text ein. Er wunderte sich über sich selbst. So gut waren ihm die Hexameter noch nie gelungen.

Dann kam Sixtus an die Reihe. Ihm wollte die richtige Betonung nicht gelingen. Der Lehrer machte sogleich eine seiner gefürchteten Bemerkungen: „Wie willst du die griechischen Schriften lesen, wenn dir die lateinische Sprache noch Schwierigkeiten bereitet, Sixtus. Hatte ich dir nicht geraten, in den alten Rollen zu üben! Du besuchst doch so oft die Thermen. Dort in der großen Bibliothek hast du reichlich Gelegenheit, wie du weißt. Aber statt dessen raufst du dich lieber in der Palästra mit den Gassenjungen. Bei den Wettkämpfen scheinst du dir ja leichter die Lorbeeren zu verdienen als beim Studium der alten Meister." Sixtus wirkte nicht besonders beeindruckt. Er kannte Sophos' Art.

Dann mußte Antonius die Namen der Helden aus der Aeneis aufsagen. Cornelia gab einen Teil dieser Sage um die Gründung Roms wieder. Sie erzählte von den Zwillingen Romulus und Remus, die von einer Wölfin genährt wurden.

Marcus knurrte der Magen. Mit Rufus war noch kein Wortwechsel möglich gewesen. Sophos hatte strengstens verboten, während des Unterrichtes miteinander zu sprechen. Doch als die Schriftrollen in den Schrank zurückgelegt wurden, flüsterte Rufus seinem Vetter schnell ein paar Worte zu. Daraus konnte Marcus entnehmen, daß Iucundus vergeblich versucht hatte, ihn zu wekken. „Ich hatte sogar ein Entschuldigungstäfelchen bei mir", sagte Rufus leise, während er laut an der Tür des Bücherschrankes hantierte, „ich wollte es nach dem Unterricht abgeben." Marcus wurde klar, daß er einen freien Schultag verloren hatte. Sophos' Strafpredigt wäre ihm erspart geblieben. Marcus' Gedanken wanderten wieder zurück.

Doch da wurde er energisch von Sophos' Stimme in die Wirklichkeit zurückgerufen: „Marcus, pack deine Tafeln aus dem Futteral und schreibe mit dem Stilus in griechischer Sprache in das Wachs, was ich in Latein diktiere!" Gestern hatten sie die Wörter im Chor gelernt. Heute mußten sie sie auswendig wissen. Griechisch fiel Marcus besonders schwer, weil diese Sprache neu für ihn war. Er kannte die fremdartigen Buchstaben noch nicht alle und war oft unsicher. So klappte er denn die beiden Wachstafeln, die mit einer Schnur verbunden waren, auf den Knien auseinander. Verlegen strich er mit dem Finger über die dünne Wachsschicht, die in der warmen Jahreszeit schnell weich wurde. Sophos diktierte das Wort „urbs" („Stadt"). Rufus schrieb eifrig mit seinem neuen Elfenbeingriffel so deutlich in das Wachs, daß das Holz darunter gut sichtbar wurde. Marcus erkannte das Wort „polis" in griechischen Buchstaben und übertrug es mit dem spitzen Bronzegriffel auf seine Tafel. Caius schien es nicht viel besser als Marcus zu gehen. Er drehte immer wieder den Schreibstift, um mit dem flachen Griffelende wie mit einem Schaber den eben geschriebenen Buchstaben auszustreichen. Dann war die Wachsschicht wieder glatt. Sie konnte an der gleichen Stelle neu beschrieben werden. Ob Caius es jetzt richtig schrieb? Xenosophos beobachtete Caius mißmutig. Er ließ ihn kaum aus den Augen. So konnte Marcus fast alle Wörter unbemerkt bei Rufus abschreiben.

Dann war Pause. Die Schüler traten auf die Straße hinaus. Endlich konnte Marcus Rufus erzählen, wie es ihm ergangen war. „Du hättest zu Hause bleiben sollen. Ich wollte dich krank melden, und Sophos hätte das Entschuldigungsschreiben meines Vaters bekommen. Es war Pech, daß Iucundus nicht an deinem Bett sitzen bleiben konnte, um dir das zu sagen. Heute morgen dachten

Schreibgerät: Tintenfaß mit Bronzefedern; bronzene Schreibgriffel; Wachstäfelchen in Nachbildung mit Schriftproben in dem dünnen, schwarzen Wachsauftrag

wir schon, du wärest in die Unterwelt gereist. Dein Schlaf war so fest, daß wir vor Schulschluß nicht mit deinem Erwachen rechnen konnten."

„Spielt ihr beide mit?" Antonius rief Marcus und Rufus zum Knöchelspiel. Er hatte Schafsknöchelchen dabei, die beim Werfen nur auf vier verschiedene Weise fallen konnten, so wie Würfel auf sechs Arten fallen können. Es war genau festgelegt, wie ein Knöchelchen fallen mußte, um einen, zwei, drei oder vier Punkte zu bringen. Heute wollten sie darum knobeln, wer bestimmen durfte, was sie am Nachmittag anstellen wollten. Da rief Marcus: „Wenn ich gewinne, weiß ich eine herrliche Aufgabe für alle!" „Da bin ich aber gespannt", sagte Caius und gähnte. Er war sehr müde und setzte sich auf die Stufen. „Laßt uns spielen!" forderte Antonius auf. Er warf als erster die drei gleichen Knöchelchen. Die Punkte wurden zusammengerechnet. Es waren fünf. Caius warf sieben, Sixtus sechs, Rufus auch fünf und Marcus acht.

Damit hatte Marcus tatsächlich gewonnen. „Na, was hast du dir ausgedacht?" wollte Antonius wissen. Marcus zögerte. Sollte er es wirklich sagen? Warum eigentlich nicht? „Ich habe mir gedacht, wenn fünf Leute den Vergiliustext abschreiben, dann sind wir schneller fertig, als wenn einer allein schreibt, stimmt doch, oder?"

Alle standen sprachlos da. Sixtus wollte eben eine abwehrende Handbewegung machen, als Antonius zustimmte: „Aber natürlich, das ist eine gute Idee. Ich mach mit." „Bei unseren Druckbuchstaben kann Sophos nicht unterscheiden, wer geschrieben hat. Wetten?" Rufus rechnete aus: „Jeder muß mindestens vier Seiten abschreiben." Da traten die Mädchen Fedula und Cornelia hinzu. Sie hatten alles mitangehört. Fedula sagte: „Werden es nicht für jeden weniger Seiten, wenn zwei Helfer dazukommen?" Marcus stimmte freudig zu. Nun wendete sich doch noch alles zum Guten. Marcus hatte wirklich Glück. Er hatte richtige Freunde.

Die Kinder hatten ihre Brötchen fast verzehrt, als Sophos sie wieder in den Raum rief.

Jetzt standen Algebra und Geometrie auf dem Stundenplan des Magisters. Das waren Marcus' Lieblingsfächer. Sophos stellte seinen Schülern gern schwierige Aufgaben.

Zuerst gab es eine lange Additionsaufgabe: Der Tuchhändler Secundinius ist auf seinen Geschäftsreisen mit einer Ladung Stoffen in das entfernte Lugdunum (Lyon) unterwegs. Er kann täglich XXX Meilen zurücklegen. Die gesamte Strecke über Divodurum (Metz) ist so lang wie die Summe aus folgenden Zahlen: LXXV, IC, XXVI, LXV und XXXV. Alle schrieben die Zahlen zunächst auf ihre Tafeln. Jetzt mußte addiert werden. Antonius benutzte dazu den Abakus, das Rechenbrett mit den vielen Knöpfen. Die anderen rechneten an den Fingern und schrieben sich Zwischenergebnisse auf die Tafeln. Marcus hatte das Ergebnis schnell heraus: „CCC Meilen ist die Strecke lang! Der Tuchhändler benötigt für seine Reise X Tage." Xenosophos war erstaunt. So schnell hatte er das Ergebnis nicht erwartet. Marcus erhielt ein kräftiges Lob. Er mußte erklären, wie er so schnell die vielen

Zahlen zusammengezählt hatte. „Es ist leicht, wenn man immer nur Hunderter bildet: Von XXVI ziehe ich I ab und addiere es zu IC, so erhalte ich den ersten Hunderter. LXXV + XXV = C. LXV + XXXV = C. So sind es genau CCC!"

Römische Ziffern

I	=	1	XX	=	20	CC	=	200
II	=	2	XXX	=	30	CCC	=	300
III	=	3	XL	=	40	CD	=	400
IV	=	4	L	=	50	D	=	500
V	=	5	LX	=	60	DC	=	600
VI	=	6	LXX	=	70	DCC	=	700
VII	=	7	LXXX	=	80	DCCC	=	800
VIII	=	8	XC	=	90	CM	=	900
IX	=	9	C	=	100	M	=	1000
X	=	10	MCMLXXXVII	=	1987			

Außer Marcus hatte niemand gemerkt, daß diese Zahlen sich so leicht zusammenrechnen ließen. Xenosophos stellte auch eine Subtraktionsaufgabe: Ein Töpfer hat CXX Tonteller hergestellt. Er will sie auf den Markt bringen. Unterwegs bricht ein Rad an seinem Karren. Die Ladung wird schwer beschädigt. XLIX Teller sind zerbrochen. Danach durften alle sich anstrengen, um folgende geometrische Aufgaben zu lösen:
1. Lege aus XXIV Hölzchen IX Quadrate! Nimm VIII heraus, so daß II Quadrate übrigbleiben!
2. Aus XVIII Hölzchen werden IX gleiche Dreiecke gebildet. Nimmt man V Hölzchen weg, dann bleiben V Dreiecke unverändert.
3. Lege aus IX Hölzchen III gleiche Vierecke!
4. Wie erhält man aus III Hölzchen durch Hinzulegen von zwei weiteren acht?
Marcus wünschte sich den ganzen Morgen diese Art von Unterricht. Zum Schulschluß sagte Cornelia heute noch ein Gedicht von Ovid (Publius Ovidius Naso) auf. Fast an jedem Tag mußte ein Schüler zum Schluß des Unterrichtes ein paar Verse vortra-

gen. Dann waren sie entlassen. Alle räumten die Tafeln und Griffel zusammen, stellten die Sessel ordentlich hin und verabschiedeten sich von ihrem Lehrer.

Dann traten sie auf die Straße hinaus. Marcus hatte die Schriftrolle für seine Strafarbeit unter dem Arm. Am Nachmittag wollten sich alle im Hause von Onkel Titus zum Schreiben treffen. Das konnte eine lustige Strafe werden. Auf dem Heimweg erzählte Rufus, daß Marcus am frühen Morgen im Rhetorikunterricht einen interessanten Rechtsfall versäumt hatte. Rufus berichtete: „Antonius und ich übten uns in Rede und Gegenrede!" „Da habe ich ja etwas versäumt", seufzte Marcus. Er wußte, daß Xenosophos, wenn er gut gelaunt war, seinen Schülern sehr knifflige Rechtsfälle vortrug, die er in einer der großen Bibliotheken der Stadt gefunden hatte. Das Urteil des Gerichtes verriet er natürlich nicht. Erst, wenn die Schüler die Streitgespräche geführt, Kläger und Verteidiger ihre Argumente vorgetragen hatten, eröffnete er ihnen die Lösung des Falles. Marcus wollte den Fall auf dem Heimweg genau wissen. Und Rufus trug ihn vor: „Die Geschichte handelt von einem Sklaven. Wir nannten ihn Nigrinus. Er wurde auf dem Forum vom Bartscherer bedient, als ein Ball, von spielenden Kindern geschossen, genau auf das Messer flog, das an der Kehle des Sklaven saß. Nigrinus wurde so schwer verletzt, daß er wenige Augenblicke später starb. Der Barbier hielt sofort den Ballspieler fest. Wer war schuld?"

„Das ist doch klar", sagte Marcus eifrig, „der Ballspieler natürlich!" „Nicht so hastig", entgegnete Rufus, „und der Barbier? Hat er nicht eher als ein Kind die Folgen seines Handelns, durch den gefährlichen Umgang mit einem scharfen Messer voraussehen müssen?"

Marcus überlegte. Daran hatte er nicht gedacht. Er sagte: „Dann ist der Bartscherer schuld. Er hat den Sklaven getötet. Er wird bestraft!" „Du bist wieder zu schnell mit deinem Urteil!" Rufus lachte und blieb stehen. „Heute morgen habe ich auch so schnell geurteilt. Antonius, der für jede Person den Verteidiger spielte, überlegte besser. Sophos half uns dann schließlich. Stell dir vor, der Sklave war selbst schuld!"

Marcus war erstaunt. „Das kann doch nicht sein!" wehrte er ab. Doch Rufus erklärte ihm den Fall genau: „Sieh, es ging hier nicht um Mord, sondern um die Beseitigung oder Zerstörung einer Ware, eines Besitzes. Der Sklave ist ein Besitz seines Herrn, und der eigentlich Geschädigte war der Besitzer des Sklaven. Nigrinus hatte sich selbst in die Gefahr begeben, sich auf dem Forum scheren zu lassen, wo so etwas vorkommen kann!"

Beide gingen einen Augenblick lang schweigend nebeneinander her. Marcus dachte an das Schicksal mancher Sklaven, die keine guten Herren hatten. Dann sagte er zu Rufus: „Weißt du, daß viele germanischen Vorfahren meines Vaters vor langer, langer Zeit auch Sklaven wurden?" Rufus wußte es nicht. Er hörte aufmerksam zu, was Marcus ihm erzählte: „Als die Römer in meine alte Heimat eindrangen und das Land eroberten, nahmen sie viele Einwohner als Sklaven. Frauen und Männer mußten Dienste tun, die sie nicht gewohnt waren. Gehorchten sie nicht, wurden sie ausgepeitscht. Einige mußten schwer arbeiten in Steinbrüchen, um Kupfer und Blei aus engen Gruben zu holen. Riesige Steinblöcke waren für die neuen römischen Bauten zu bearbeiten, sie kosteten viel Schweiß. Aber auch Sänftenträger und Lampenanzünder gab es unter den Sklaven. Mein Vater sagt manchmal: ,Meine Vorfahren haben schon den Stein im Berg bezwungen und ich tue es ebenso!'"

„Willst du auch Steinmetz werden?" wollte Marcus wissen. Marcus überlegte: „Ich schaue Vater und Priscus gern bei der Arbeit zu. Aber Vater meint, man muß sehr stark sein für diese Arbeit. Er sagt, ich solle hier in Treveris etwas lernen, das körperlich weniger anstrengend ist. Ich weiß es noch nicht, was ich will. Vielleicht werde ich auch Architekt." „Wie Vitruvius!", sagte Rufus. Jetzt waren sie an die Großbaustelle der kaiserlichen Thermenanlage gekommen. Marcus schaute zu dem Hebekran hinüber, den drei Männer bedienten. Sie beförderten mit Hilfe von starken Tauen über ein Rad einen riesigen Steinquader in die Höhe. „Vitruvius hat alles genau aufgeschrieben, was Ingenieure über das Bauen wissen müssen", sagte Rufus. Marcus lachte: „Ich glaube, du willst auch Architekt werden!" „Mein Vater würde mir

Römische Großbaustelle mit Kränen. Bau einer Stadtmauer und eines Tores am Fluß.

das nicht erlauben", sagte Rufus, „ich muß eine Beamtenkarriere machen!" „Aber du weißt schon viel von Vitruvius und seiner Bauweise!" sagte Marcus. „Ja, ich lese manchmal in seinen Werken, wenn ich in der Bibliothek bin. Dort habe ich auch gelesen, wie Gewölbe und Kuppeln errichtet werden, daß sie während des Bauens nicht einstürzen. Oder wie man besonders harten Mörtel herstellt, oder stabile Steinverbindungen, um Brücken zu bauen!"

Marcus und Rufus fanden kein Ende bei diesem Thema. Als sie zu Hause ankamen, hatten sie in der Stadt in Gedanken bereits Tempel gebaut, Triumphbögen errichtet und neue Villen geplant.

Viertes Kapitel

„Da kommt ein Weinschiff!"

Schiffe im Hafen

Marcus wollte die Treppe hinunter ins Atrium steigen. Da hörte er Stimmen. „Vater und Priscus", dachte er. Über das Holzgeländer gelehnt, konnte er neben dem Wasserbecken die beiden Männer sehen. Vater Servatus sprach mit seinem Gehilfen Priscus. Marcus blieb einen Augenblick stehen und hörte dem Gespräch zu: „Gaudentius ist unberechenbar, das gefällt mir nicht", sagte Servatus. „Jeden Tag hat er eine andere Vorstellung von seinem Auftrag. Weißt du noch, wie er in unserer Heimat geredet hat? Einen Grabsteinpfeiler wollte er haben. Jetzt hat er es sich anders überlegt. Grabsteinpfeiler seien schon lange nicht mehr üblich, die Toten würden nicht mehr verbrannt, jetzt würden christliche Gräber verlangt, Sarkophage."

Servatus war sichtlich erregt. Priscus versuchte ihn zu beruhigen: „Das einzig Gute daran ist, daß wir in Treveris sind. Was haben wir nicht schon an Aufträgen bekommen! Denk doch, wir haben für Jahre zu tun: Der Kaufmann Silvanus möchte diese gallische Mähmaschine, die von einem Maultier bei der Ernte geschoben wird, in Standstein gehauen haben. Dann hat der Pfer-

Reliefdarstellung einer Mähmaschine in der Art, wie sie in der einheimischen Landwirtschaft in Gebrauch war

61

dehändler Marinus die Grabplatte aus Kalkstein mit einem Pferdekopf bestellt. Und . . ."

Servatus unterbrach ihn: „Gut, gut, wir haben viel zu tun, auch für den Kaiser sollen wir im nächsten Jahr bei der Innenausstattung der Thermenanlage helfen. Doch dies alles hat nichts mit Gaudentius zu tun. Jetzt fragt er jeden Tag, ob der Marmor aus Carrara schon angekommen sei. Als ob das so schnell ginge! Ich kann doch nicht jeden Tag am Hafen nachfragen." Priscus fügte hinzu: „Wenn wir nur wüßten, was Gaudentius sich noch alles einfallen läßt. Nur gut, daß wir einen schriftlichen Vertrag auf Papyrus haben. Das halbe Grabmal ist schon fertig. Jetzt sollen plötzlich die Quader in sein Haus eingebaut werden, kein Grabmal mehr. 50 Fuß hoch sollte es zuerst werden. Nun wirft er alle Pläne um. Komm, unterwegs zur Werkstatt sprechen wir weiter darüber." Damit fiel die Holztür mit dem schweren Eisenschloß zu. Marcus traf Rufus in der Küche. Silvia wollte ihm gerade die Schüssel mit Marzipan aus der Hand nehmen. „Die Herrin schimpft mit mir, wenn die Masse nicht steif wird."

Szene in einer Küche. Relief der Igeler Säule.

Silvia und zwei Helferinnen waren dabei, ein Gastmahl vorzubereiten. Der Raum war klein, die Luft verraucht. Auf dem offenen Feuer standen zwei Töpfe aus Bronze auf dreibeinigen Feuer-

62

böcken, unter dem Tisch an der Wand Doppelhenkelkrüge aus Ton. Auf dem Tisch lagen Teller und Gefäße herum. Eine Helferin zerkleinerte auf einem Holzbrett eifrig Kräuter, Zwiebeln und Gemüse. Silvia rannte zum Herd und rührte kräftig in einem Topf. Die Luft war erfüllt von Fischgeruch und verbranntem Holz. Jetzt brachte Abbo einen Arm voll Holzstücke und legte sie in die Öffnung unter dem Herd.

Rufus und Marcus waren hier unerwünscht. Sie verließen den verrußten Raum gern, nicht ohne sich ein paar Leckerbissen einzustecken. Auf dem Forum warteten Sixtus, Antonius, Caius, Cornelia und Fedula auf die beiden. „Wir wissen noch nicht, was wir heute unternehmen sollen", sagte Fedula und schaute hilfesuchend zu Marcus und Rufus.

Doch auch sie wußten keinen Rat. Plötzlich schlug Sixtus vor: „Laßt uns Wagenrennen auf dem Cardo maximus spielen." „O nein", wehrte Caius, „dann muß ich wieder das Wägelchen und unseren Hund Cavo holen. Ich möchte lieber in die Thermen." Cornelia und Fedula fanden diesen Vorschlag nicht gut: „In die Thermen könnt ihr doch oft genug alleine gehen! Wir schlagen vor, einen Stadtbummel zu machen, Läden anzuschauen und am Nordtor, der Porta Martis, die Fremden zu beobachten." Antonius hätte gern die Apollobibliothek besucht: „Wir könnten Xenosophos eine Freude machen und die griechischen Tragödien studieren!"

Doch dieser Vorschlag fand keine Zustimmung. Im Gegenteil. „Wie kann man nur auf so eine Idee kommen", meinte Rufus kopfschüttelnd, „ich schlage vor, Marcus darf wählen, er kennt hier noch nicht alles." Die anderen nickten zustimmend. Jetzt hatte Marcus die Last der Entscheidung. Was sollte er sich wünschen? Plötzlich fiel ihm das Gespräch ein, das er ungewollt belauscht hatte. Er sagte: „Ich möchte gern den Hafen sehen." Die anderen blickten sich an, zögerten zunächst. Dann waren alle begeistert. „Ein guter Vorschlag", lachte Fedula, „ich werfe so gerne kleine Steinchen in den Fluß, am liebsten von der Brücke herunter." „Am liebsten in ein Schiff!" tönte Caius. „Am liebsten gegen eine Amphore auf einem Schiff", kicherte Sixtus. Und schon waren sie unterwegs zum Brückentor. Dort ließ der Wächter die Kinder ungehindert passieren. Sixtus rannte als erster auf die Mitte der Brücke, Caius keuchte als letzter hinterher. Hier blieben sie zwischen dem dritten und vierten Pfeiler am Holzgeländer stehen. Sie schauten flußaufwärts. Hinter ihnen rumpelten Wagen über die Holzbalken, die mit dicken Brettern bedeckt waren.

„Jetzt im Sommer ist der Wasserstand niedrig", sagte Antonius. „Hochwasser müßtest du erleben", rief Caius, „dann wird das klare Wasser braun wie Ochsenleder und steigt bis zu den schrägen Balken dort unten." Marcus beugte sich weit vor. Er bewunderte die Baukunst der Römer. „Ich staune über die Brückenbauer. Wie können sie nur die Pfeiler in das tiefe Wasser treiben, ohne daß alles wieder weggespült wird?" „Ja, so wie in den Abwasserkanälen, den Kloaken, unter den breiten Straßen!" rief Cornelia. Sie zeigte zu einer Stelle am Ufer, wo eine dunkle Brühe in das klare Wasser lief.

„Da hinten kommt ein Schiff", rief Fedula und zeigte mit dem Finger nach Westen. In einiger Entfernung näherte sich ein Fahrzeug auf dem Fluß. „Das kann noch lange dauern", meinte Caius. „Bis es diese Brücke erreicht hat, müssen die Ruderer noch tüchtig zupacken", sagte Antonius und ahmte die Ruderbewegung nach. Sixtus meinte: „Flußabwärts würde ich auch lieber rudern als gegen den Strom."

Rufus zog Marcus am Ärmel bis zu einer Stelle, wo sie genau über einem Brückenpfeiler zu stehen kamen. „Weißt du", fragte Rufus, „warum die Pfeiler auf dieser Seite spitz und auf der anderen Seite der Brücke rund in den Fluß hineinragen?" Marcus war noch nie aufgefallen, daß eine Brücke unterschiedliche Pfeilerseiten hatte. Das wollte er sofort sehen. Schnell lief er auf die andere Seite der Brücke. Tatsächlich, das klare Wasser strömte an den runden Pfeilern zusammen und floß weiter in Richtung Noviomagus (Neumagen) und schließlich in Confluentes (Koblenz) dem größeren Fluß Rhenus (Rhein) entgegen.

Marcus schaute wieder zu den runden Steinpfeilern, auf denen die Holzbalken ruhten. „Ich muß raten, Rufus", antwortete er dann, „damit die Schiffe in der Strömung nicht so leicht anstoßen?" Antonius lachte und schüttelte den Kopf. Dann erklärte Rufus: „Die spitzen Pfeiler sind Eisbrecher. Wenn sich im kalten Winter Eis auf dem Fluß bildet, wird das Eis an den Spitzen gebrochen, ebenso bei Hochwasser die Kraft der Strömung. Sonst könnte leicht die gesamte Brücke mitgerissen werden." Marcus verstand. Die Römer waren großartige Baumeister. Doch wie war der Schiffsverkehr auf dieser Brückenseite? Nur ein kleines Fischerboot in der Ferne zog ein Netz ein. Es war enttäuschend. Kein Lastschiff, das Marmor hätte transportieren können, war in Sicht. „Hoffentlich liegt der Marmor aus Carrara nicht schon auf dem Meeresgrund", dachte Marcus. Auf der anderen Seite der Brücke sahen die Kinder das von Fedula entdeckte Schiff näherkommen. Deutlich war erkennbar, daß sich die Ruder gleichmäßig hoben und senkten. „Jetzt sehe ich schon den Vordersteven, ein Tierkopf ragt hoch heraus!" rief Cornelia. „Der Schiffsrumpf

Weinschiff aus Neumagen

65

liegt tief im Wasser", sagte Sixtus. Alle warteten neugierig. Sie wollten erkennen, was das Schiff geladen hatte.

„Ein Weinschiff!" rief Rufus.

Tatsächlich, jetzt konnten sie es deutlich erkennen. Große Holzfässer lagen hintereinander. Zu beiden Seiten saßen die Ruderer. Sie neigten sich vor und zurück und bewegten heftig die Stangen. So ging die Fahrt schnell voran. Die Strömung tat ein übriges. Blickte der Steuermann am Hintersteven mißmutig oder fröhlich? Bald würde das Schiff in der Fahrrinne die Brücke unterqueren. „Habt ihr an die Steinchen gedacht?" rief Caius. Sixtus begann allein zu suchen. Doch zu spät. Das Weinschiff steuerte bereits den Hafen von Treveris an. Er lag nicht weit hinter der Brücke flußabwärts, vor der Insel in der Nähe der großen Speicherhallen, den Horrea.

Dann entdeckte Antonius auf der anderen Seite, am westlichen Ufer, ein Treidelschiff. Die Kinder liefen bis zum letzten Brückenpfeiler vor dem kleinen Brückentor. Das Schiff wurde

Darstellung, wie ein beladenes Schiff gegen die Strömung vom Flußufer aus gezogen (getreidelt) wird. Relief der Igeler Säule.

gegen die Strömung vom Ufer aus von zwei Pferden an langen, dicken Tauen gezogen. Auf der Bordwand standen Matrosen, die mit langen Stangen das Schiff vom felsigen Ufer fernhielten. Der Rumpf lag auch hier tief im klaren Wasser. Eine schwere Fracht: Viele Tonkrüge waren in dicke Strohschichten eingehüllt. „Weinamphoren", meinte Sixtus. „Oder Ölkrüge", entgegnete Antonius. Und Caius rollte die Augen vor Vergnügen, als er meinte: „Eingelegte Früchte!" Caius kannte sich mit Spezialitäten aus. Leider konnten sie hier in die Amphoren nicht hineinsehen. Sixtus versuchte, mit einem Stein in das Schiff zu werfen. Er traf den Hals eines Kruges. War ein Stück aus dem Ton gebrochen? Ein Matrose war aufmerksam geworden. Er schaute zornig zu der Brücke hoch. Dann verschwand das Schiff unter der Brückendekke. Schnell stürzten sich die Kinder wieder auf die andere Seite der Brücke. Die Pferde keuchten schwer. Sie mußten unaufhörlich nach rechts ziehen. Sicher waren sie am Zaumzeug schon ganz wundgescheuert von den Leinen.

Jetzt kam in der Flußmitte ein anderes Schiff. Es hatte dicke, eckige Ballen, mit Stoff ummantelt und mit Seilen verschnürt, geladen. Auch drei Fässer waren dazwischen gestapelt. Vier Matrosen begleiteten das Schiff. Als es unter der Brücke verschwand, beschlossen die Kinder, zum Hafen zu laufen. „Das Weinschiff hat sicher schon an der Kaimauer festgemacht", sagte Antonius.

Auf der Brücke begegneten die Kinder einer Familie, die zu Fuß in die Stadt wollte. Der Mann stützte sich hinkend auf einen Stock, den Rücken mit einem schweren Bündel bepackt. Die Mutter trug ein kleines Kind unter ihrem Umhang. Zwei Jungen und ein Mädchen trotteten hinterher. Sie schienen von weit her gekommen zu sein. „Sie machen eine Wallfahrt zu einem der vielen Götter", meinte Marcus. „Wenn das Kind krank ist, bringen sie es zum Lenus-Mars-Tempel, wo auch die Heil- und Quellgöttinnen, die Xulsigien, verehrt werden." „Das Quellwasser dort ist besonders gut gegen Augenkrankheiten", erzählte Cornelia. Und dann berichtete sie, wie ihre Mutter von einer lästigen Augenentzündung durch dieses Wasser befreit worden war. Caius sagte: „Die Leute gehen doch hinein in die Stadt, sie kommen nicht heraus.

Großer Tempelbezirk für den Gott Mars in einheimischer Prägung, Lenus Mars und Mars Iovantucarus

Der Lenus-Mars-Tempel liegt doch auf der westlichen Uferseite." Er zeigte dorthin.

Während die Freunde durch das Brückentor, die Porta Inclyta, hinter der Stadtmauer nach Norden gingen, erzählten sie sich wunderliche Dinge von Krankheiten und Heilungen. Fedula sagte: „Unser Sekretär, Serius, schwört auf das sprudelnde Wasser vom Quellheiligtum hinter dem südlichen Gräberfeld. Er trinkt es täglich." „Wer den Göttern regelmäßig Gefäße, Münzen oder kleine Terrakotten (Weihefigürchen aus Ton) bringt, wird erst gar nicht ernstlich krank! Jedenfalls behauptet das meine Großmutter. Sie ist erstaunlich rüstig", sagte Caius und lachte.

„Im Tempelbezirk findet jeder sein Heiligtum. Die Auswahl ist groß. Ich wüßte keinen Gott, der dort nicht verehrt werden könnte." Antonius hatte lange geschwiegen. Doch jetzt sagte er: „Es gibt einen Gott, der dort nicht verehrt wird." Alle überlegten.

Großer Tempelbezirk im Altbachtal mit vielen Tempeln für einheimische Gottheiten und mit einem Kulttheater

Hatten sie eine Gottheit vergessen? „Was meinst du, Antonius?" fragte Marcus. „Ich denke an die Christen, die sich vor den Toren der Stadt treffen und ihren Gott an den Gräbern heiliger Glaubensboten und Märtyrer verehren." Fedula sagte: „Sie verbrennen auch nicht mehr ihre toten Verwandten, sondern bestatten ihre Leichname in Steinsärgen. Sie behaupten, daß Gott die Toten wieder auferstehen läßt." „Das ist unmöglich", sagte Caius schroff und beendete das Gespräch. Marcus dachte an Gaudentius. Hatte er deshalb das Grabmal abbestellt? Vielleicht war auch der Marmor schon im Hafen angekommen.

Kurz hinter dem Kutschenverleiher Litorius war das Hafentor, durch das sie nicht so einfach hindurchkommen konnten. Sie sprachen mit dem Wächter. Er wollte den Kindern den Zutritt zum Hafengelände verwehren. Doch Caius wußte Rat. Er drückte ihm eine Münze in die Hand. Das wirkte. Jetzt war der Eintritt

frei. Der Wächter vertrieb sich weiter die Zeit mit einem Würfelspiel.

Im Hafenbecken lagen mehrere Schiffe an der Mauer. Marcus überblickte schnell die Ladungen. Marmor war nicht so leicht zu übersehen. Nein, er war noch nicht gekommen. Bedauerlich! Die Hafenarbeiter versuchten mit Hilfe eines Hebekrans, schwere Baumstämme umzuladen. Ein Schreiber notierte etwas auf einer Wachstafel. Dort waren bereits Getreidekörbe ausgeladen. Unaufhörlich packten Arbeiter die Waren auf Handkarren und transportierten sie durch das Hafentor hinaus. Auch die Weinfässer wurden weggerollt. Lederschürzen schützten die Arbeiter. „Es ist heiß, ein kühles Bier wäre jetzt das richtige", stöhnte ein Arbeiter und wischte sich mit dem nackten, braungebrannten Arm über das Gesicht. „Wenn Stephanus die Aufsicht hat, haben wir immer einen Krug Gerstensaft hier, aber bei Marontius dürfen wir kaum ein Wort miteinander wechseln. Eine Schinderei ist das!" Dann rollten sie die Fässer eine Rampe hinauf. In den Horrea, den kühlen Vorratshallen, wurden sie gelagert.

Marcus war bis zum letzten Schiff gegangen. Es war mindestens doppelt so groß wie das Weinschiff. Der Rumpf war über und über mit dünnen Bleiblechen verkleidet. Am hohen Bordrand ragten zu beiden Seiten Vorsprünge heraus, auf denen die Ruderer zu sitzen kamen. An Bug und Heck war je ein hochragender Schwanenhals mit Kopf angebracht. In der Mitte des Schiffes

ragte ein hoher Mastbaum in den Himmel. An ihm hingen viele
Seile, die nach unten und nach hinten führten. Am Mast waren
die Segeltücher eingezogen. Ein merkwürdiger Zauber ging von
diesem Schiff aus. „Woher mag dieses Schiff kommen?" fragte
Fedula. „Es gibt viele Möglichkeiten", meinte Antonius. Und er
hatte recht. Das Römerreich unterhielt Handelsbeziehungen bis
zum fernen China. Die dort hergestellte Seide war bei vornehmen

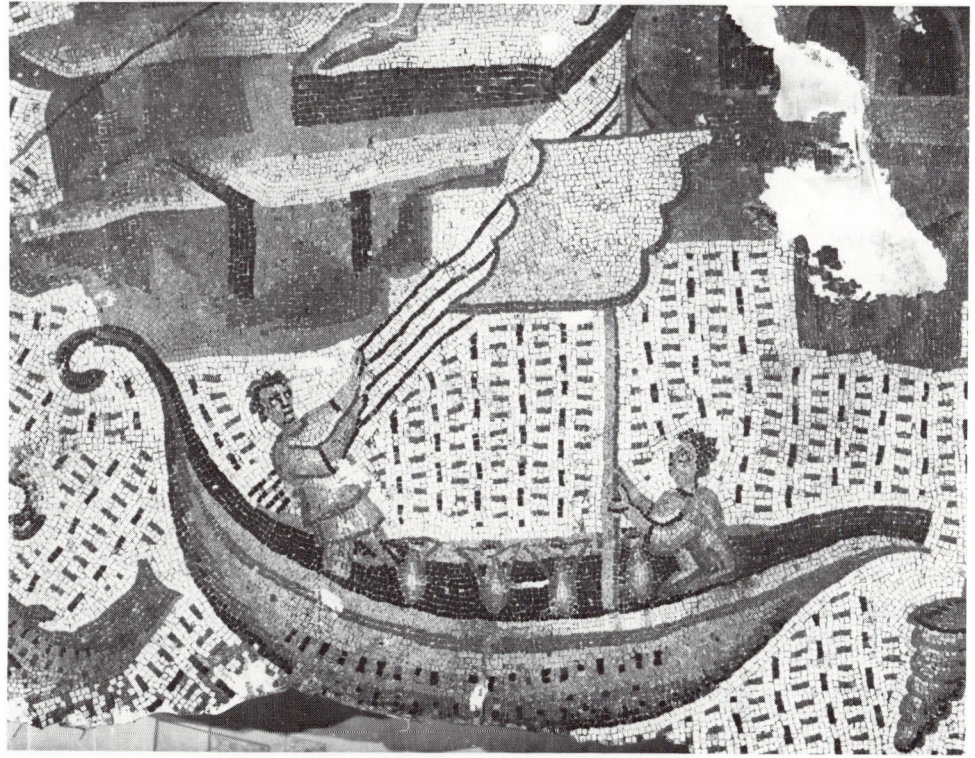

Segelschiff vom Okeanosmosaik aus Bad Kreuznach. Das Segel des mit Amphoren bela-
denen Lastschiffes wird gehißt.

Damen sehr beliebt. Aber auch die Stoffe aus Damascus in der
Provinz Syria hatten einen langen Weg. Perlen, Gewürze und
Parfüms kamen aus Indien.
    Die Kinder stiegen noch die lange Treppe zum Flußufer hinun-
ter. Hier versuchten sie, einen der herrlichen Fische im kühlen

Wasser zu erwischen. Jeder Stein, jede Wasserpflanze war bis auf den tiefen Grund des Wassers zu erkennen. „Ich habe einen Fisch geschnappt", rief Antonius erfreut. Alle schauten, wie eine grünliche Schleie in seinen Händen zappelte. Dann warf er sie wieder ins Wasser und versuchte erneut, etwas zu fangen. Marcus erwischte für einen Augenblick eine Forelle, dann entglitt sie ihm wieder. Scharen von Fischen schwirrten hier im klaren Ufergewässer.

Die beiden Mädchen warfen flache Steine über die Wasseroberfläche. Hin und wieder gelang es einem von ihnen, einen Stein siebenmal hintereinander über das Wasser springen zu lassen, ehe er in der Flut versank.

Erst als das Hafenfeuer angezündet wurde, machten sich die Kinder auf den Heimweg.

Fünftes Kapitel

„Hoffentlich wird mein Gewand nicht gestohlen!"

In den Thermen

Heute war ein Feiertag und für Marcus und seine Freunde schulfrei. Das war eine herrliche Gelegenheit, den ganzen Tag in den Thermen am Ufer der Mosella zu verbringen. Marcus und Rufus saßen im Schatten auf den Marmorstufen an der Nordseite der Thermen, nahe dem Brückentor. Sie warteten auf ihre Freunde Antonius, Sixtus und Caius.

Ein angenehm kühler Wind strich vom Brückentor zu ihnen herauf. Die Torwächter blickten sehnsüchtig auf die prächtigen Gebäude. Auf der breiten Straße war nicht viel los. Nur ein paar Karren bewegten Baumaterial. Katzen schnupperten an den Kanalöffnungen der Bordsteine. Hier, wo einige Abfälle hängengeblieben waren, fanden sie Mäuse und Ratten. Da schritten zwei männliche Thermenbesucher auf den prächtigen Eingang zu.

„Das ist Flavius Faustus", flüsterte Rufus, „der procurator monetae (Verwalter der Finanzen), und Flavius Amelius, der praepositus thesaurorum (Schatzmeister). Die beiden haben zwar bei ihren Villen herrliche Badehäuser, doch sie mischen sich gern unter das Volk, um Neuigkeiten zu erfahren und die politische Stimmung zu erkunden." Jetzt sah Marcus die Freunde am Victorinus-Palast kommen. „Endlich seid ihr da", sagte Rufus. Caius atmete schwer, als er einige Augenblicke hinter Antonius und Sixtus ankam. Alle hatten ein Bündel mit Handtüchern unter dem Arm. An einem Bronzering trugen sie den Hautschaber und die Ölflasche.

Jetzt betraten die Jungen durch das große Portal, das mit unzähligen Götterskulpturen geschmückt war, das Thermengebäude. Im Eingangsbereich war in verschiedenen Läden alles zu kaufen, was die Badegäste in den Thermen brauchten. Antonius ließ sich noch etwas Öl in seine Flasche schütten. Rufus kaufte für Marcus einen eigenen Strigilis (Hautschaber) und einen Bimsstein. Sixtus erwarb für alle ein paar billige Spielsteine aus Knochen, weil keiner von ihnen daran gedacht hatte, Steine mitzubringen. „Ich kaufe später meine Süßigkeiten", wehrte Caius ab, als alle wartend auf ihn blickten. „Später", riefen sie ungläubig, „später ist dein Geld vielleicht gestohlen." Es stimmte, daß sich in den Thermen oft Diebe, Müßiggänger und Gauner herumtrieben. „Heute kann ich nicht betrogen werden", sagte Caius stolz und streckte seinen linken Arm vor. „Du trägst ja einen silbernen Armreif wie ein Mädchen", spottete Antonius. Er sprach allen aus dem Herzen. So etwas würde keiner von ihnen anziehen.

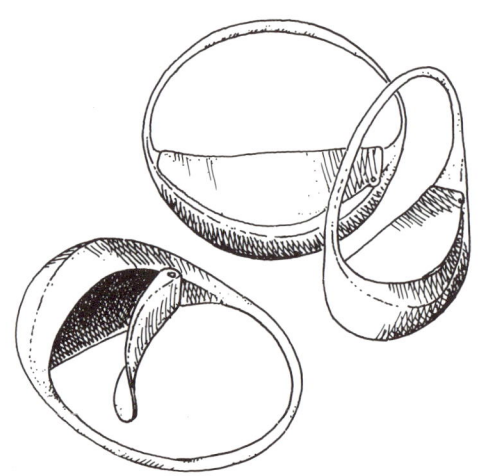

Zur Aufbewahrung des Kleingeldes dienen diese praktischen Armringbörsen, die durch Hinaufschieben am Unterarm festgeklemmt werden, so daß die Münzen nicht herausfallen können

Doch Caius ließ sich nicht einschüchtern: „Das ist kein gewöhnlicher Armreif, das ist eine kleine Geldbörse." Tatsächlich, jetzt konnten sie es genau erkennen. Das dicke Kästchen an der Seite des Ringes war ein Geheimfach. Caius führte es den Neugierigen vor. Er zog den Ring aus und öffnete das kleine Fach des Kästchens. Hier war Platz für einige kleine Münzen. Für eine Stärkung und Erfrischung reichten sie. Wenn man den Armring so weit über die Hand streifte, bis er fest saß, war das Münzfach verschlossen. „Ich trage es immer bei mir", verkündete Caius triumphierend, „dann kann es mir nicht gestohlen werden." Das

leuchtete ein. Jetzt bewunderten die Jungen das schöne Geschenk, das Caius von seinem Onkel bekommen hatte. „Dafür
werden die Diebe deine neue Seidentoga stehlen, Caius", meinte
Antonius und zeigte auf Caius' Gewand.

Entsetzt faßte Caius an seine Seidentunika. Hatte er schon
wieder vergessen, seine alte Tunika anzuziehen? Seine Mutter
hatte es ihm ausdrücklich aufgetragen. Denn, was Marcus nicht
wußte, Caius hatte man in diesem Jahr bereits dreimal in den

Marmorkultbild der Jagdgöttin Diana

Statue des römischen Kriegsgottes Mars;
die zerschlagene Figur ist wieder aus vielen
kleinen Steinfragmenten zusammengesetzt

Thermen ein Gewand gestohlen. Es handelte sich jedesmal um neue Tuniken, eine sogar mit handgestickter Bordüre auf Leinen und die anderen aus teurem Wollstoff. Begehrte Gewänder! Es war schon merkwürdig, daß immer Caius das Opfer war und nicht einmal einer seiner Freunde.

„Hoffentlich wird mein Gewand nicht gestohlen!" sagte Marcus und faßte an seine safrangelbe Tunika. „Wartet hier auf mich", rief Caius und rannte wieder zum Ausgang. Die andern schauten ihm verwundert nach. Rufus sprach: „Er wohnt doch nicht weit von hier und wird schnell umgezogen sein. Ich schlage vor, wir warten in der Palästra auf Caius." Dort begrüßte Sixtus überschwenglich eine der vielen Steinfiguren, die etwas größer war als die anderen in dieser Reihe: „Salve, Gott Mars, Beschützer von Treveris, Gott des Krieges und Bewacher der Felder!" Mars trug in der rechten Hand eine lange Lanze, in der linken den Rundschild. Der Kriegsgott war mit einem Brustpanzer bekleidet. „Paß auf, mit Mars ist nicht zu spaßen, er zieht gleich sein Schwert und macht dich einen Kopf kürzer", sagte Marcus. Alle lachten. Neben ihm war das Standbild der Jagdgöttin Diana, die mit Pfeil und Bogen, Hirsch und Hund in Marmor gemeißelt, auf die Palästra hinabschaute.

Kultbild der einheimischen Heilgöttin Sirona mit Schlange und Eiern

76

Viele Götterstatuen waren hier in einer Reihe aufgestellt. In der Mitte thronte natürlich der Göttervater Jupiter. An seiner Seite seine Gattin Juno, die Schutzherrin der Frauen und Familien. Auch Minerva, Beschützerin der Handwerker, Künstler und Gelehrten war hier zu sehen. Daneben erkannte Marcus den Gott Apollo an seiner Leier und die Heilgöttin Sirona an der Schlange und den Eiern.

Zwischen den Götterfiguren spielten die Jungen Fangen, bis Caius wiederkam. Jetzt erkannten sie ihn kaum wieder, in der lumpigen, nicht mehr sauberen Tunika. Alle hatten ihren Spaß, als sie endlich in den Umkleideräumen ihre Gewänder in die abgeteilten Nischen an der Wand warfen. Schnell noch die Riemen der Sandalen gelöst und den Lendenschurz ausgezogen. Splitternackt waren sie thermenbereit! Diesmal würde Caius nicht nur mit einem Tuch bekleidet nach Hause kommen. Diebe suchten sich bessere Gewänder aus als diese.

Die Latrinen (Toiletten) ließen sie links liegen. Im Laconicum konnte Marcus außer Dampf nichts erkennen. Hier schwitzten alle schnell. Auf Holzbänken warteten sie, bis ihre Körper genügend erhitzt waren. Dann schlüpften alle, außer Marcus, in bereitstehende Holzpantoffel. „Ich gehe lieber barfuß", sagte er nur und betrat nach dem Schwitzbad mit den anderen einen großen Raum, der von Licht erfüllt war. Jetzt war es an der Zeit, den Körper zu reinigen. Mit dem Bimsstein ließ die Haut sich leicht aufrauhen. Hautschuppen und Schmutzteilchen wurden mit dem Schabeisen sorgfältig abgeschabt. Das mußte jeder Junge selbst besorgen. Vornehme Badegäste ließen von ihrem Diener diese Arbeit verrichten. Hier im Reinigungsraum wurde laufend der Boden mit Wasser gespült. In Gefäßen stand Sapo (Seife) bereit. Marcus schmierte sich davon tüchtig in die Haare und massierte die Kopfhaut. Ein Thermenarbeiter schüttete einen Kübel Wasser über ihn. Dann legten sich die Jungen auf die Liegebänke, die mit Tierfellen abgedeckt waren.

Es war angenehm in dem hellen Raum, in den die Sonne durch hohe Glasfenster hineinfiel. Die Wände waren mit Marmorplatten und Mosaikbildern vor Feuchtigkeit geschützt. „Heute wird wieder gewaltig geheizt", stöhnte Antonius und wischte sich noch den letzten Schaum vom Knie. „Ich möchte wissen, wie viele Wälder für diese Thermen schon abgeholzt werden mußten", überlegte Sixtus, „ständig bringen Fuhrwerke das Heizmaterial in die unterirdischen Gänge." Da rief Caius: „Die Hitze bei den Feuerstellen, den Praefurnien, ist oft so groß wie bei einem Vulkanausbruch!" „Was weißt du schon von einem Vulkanausbruch?" sagte Rufus belustigt. Caius sprang auf und erzählte mit Händen und Füßen, daß vor vielen, vielen Jahren unter den heißen Lavaströmen eines Vulkans mehrere Städte verbrannt und begraben worden seien. Antonius konnte das nicht glauben und meinte: „Du erzählst uns Lügengeschichten, Caius!" Sixtus tippte sogar an die Stirn. Doch Caius ließ sich nicht abbringen: „Du kannst es doch nachlesen in den Annalen, und auch in den Geschichtsbüchern." Alle schauten ungläubig auf Caius. Marcus stellte sich vor, wie schrecklich das gewesen sein mußte, wenn es wirklich so war. So fragte er: „Wie heißen denn die Städte, die verschwunden sind?" Doch das wußte Caius auch nicht mehr. Da mischte sich ein junger Mann ein, der dem Gespräch gefolgt war: „Die größte Stadt davon hieß Pompeji! Ich bin kaiserlicher Bote und heiße Probatius. Bevor ich nach Treveris kam, war ich in der Hauptstadt Roma südlich der Alpen als Kurier tätig. Ich kenne

Seite 79:

Grundriß der Barbarathermen in Trier. Der Besucher gelangte von der Straße durch die Säulenhallen, die an der Palästra entlangführten, in den eigentlichen Badetrakt, der in symmetrischer Anordnung im West- wie im Ostteil dieselbe Raumordnung aufwies. Nach der Passage kleinerer Räume bot sich dem Badegast im großen Saal S erstmals die großzügige Innenarchitektur dar. Die beheizten Räume P, Q, R dienten als Auskleideräume, Raum I zur Reinigung, Raum III vielleicht als Sauna (Sudatorium). Dem ernsthaften Schwimmer bot das große beheizbare Becken in Raum II die beste Gelegenheit, da in den Barbarathermen ein großes Freiluftbecken (Natatio) wohl fehlte. Durch einen kleinen Zugang schließlich erreichte der Badende die Krone jeder Thermen, das Warmwasserbad C (Caldarium) mit seiner prächtigen Ausstattung und zahlreichen Becken und Wannen. Das Tepidarium T erleichterte mit seiner lauwarmen Luft als Wärmeschleuse den Übergang in den Kaltbadesaal F (Frigidarium). Die Toilettenanlagen mögen beiderseits der Kaltwasserbecken gelegen haben.

Barbarathermen. Trier. Gesamtgrundriß, ergänzt nach Krencker und Krüger.

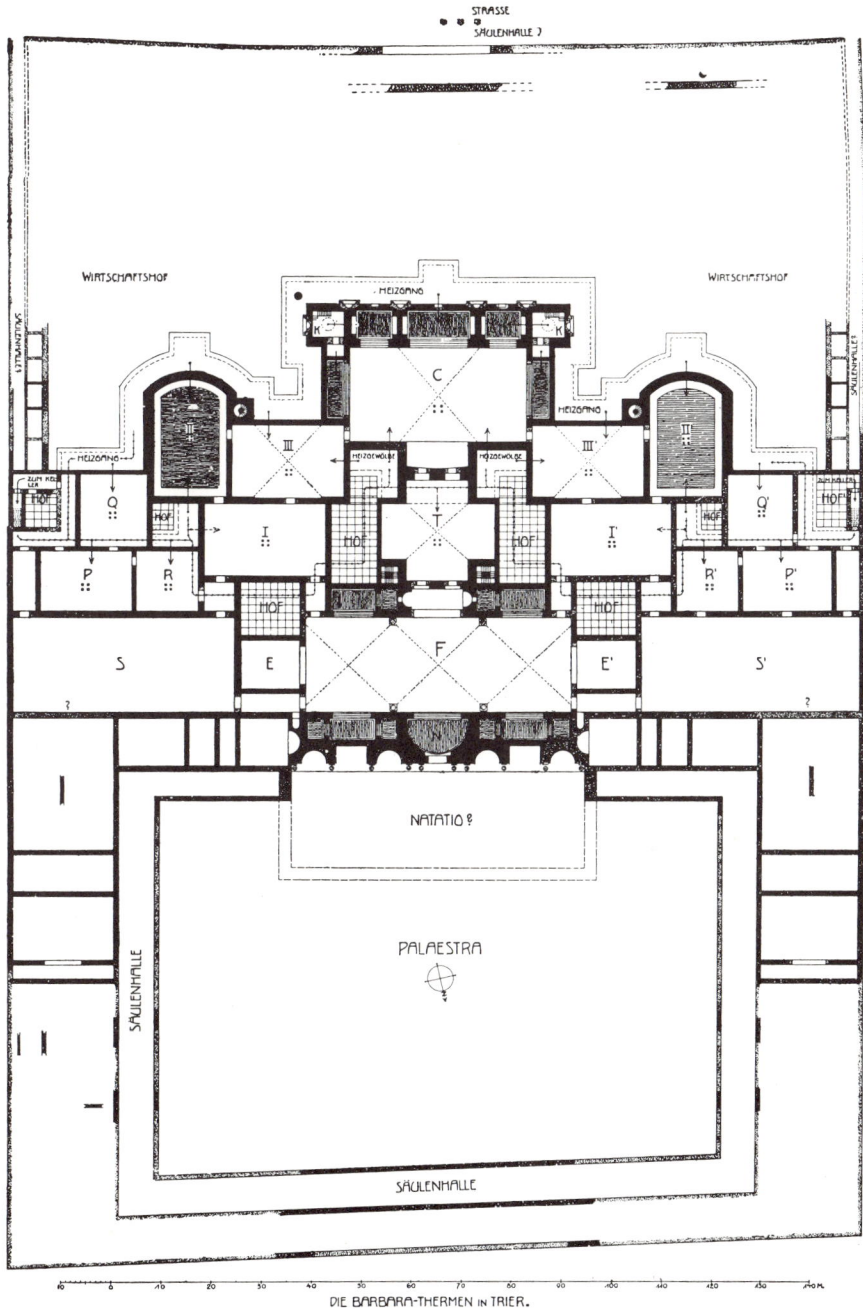

STRASSE
SÄULENHALLE ?

WIRTSCHAFTSHOF

WIRTSCHAFTSHOF

HEIZGANG

K

K

C

III

II

HEIZGANG

HEIZGANG

Q

HOF

HOF

HOF

III

HEIZGEWÖLBE

HEIZGEWÖLBE

III

I'

Q'

HOF

HOF

P

R

HOF

T

HOF

R'

P'

HOF

HOF

S

E

F

E'

S'

NATATIO ?

PALAESTRA

SÄULENHALLE

SÄULENHALLE

DIE BARBARA-THERMEN IN TRIER.

IM AUFBAU FESTGESTELLT   IN DEN FUNDAMENTEN FESTGESTELLT   SYMMETRISCH ERGÄNZT   VERMUTUNGSWEISE ERGÄNZT   WASSERBECKEN   RICHTUNG
UND VERBINDUNG DER KELLERGÄNGE   PRAEFURNIEN VON DEN KELLERGÄNGEN AUS   :: GEHEIZTE RÄUME

79

mich aus." Er erzählte von dem schrecklichen Vulkanausbruch an einem Sommertag vor über zweihundert Jahren. „Auch heute spricht man noch davon." So beendete er seinen Bericht. Die Jungen waren erstaunt und betroffen zugleich. Caius freute sich über die unerwartete Hilfe. „Das hätte ich dir beinahe nicht geglaubt", lachte Antonius und stieß Caius kameradschaftlich vom Schemel.

Jetzt wollten sie aber doch weiter in das große Badebecken, die Piscina. Der Raum war sehr groß, das Becken herrlich. Hier konnten die Jungen sich ein wenig austoben. Alle sprangen in das Becken. Dann schwammen sie um die Wette zur gewölbten Seite. Nur Caius bewegte sich langsam auf Zehenspitzen vorwärts. Konnte er nicht schwimmen? Dafür konnte Sixtus es um so besser. Antonius, der längste unter ihnen, tauchte die anderen mehrmals unter. Marcus spritzte wild mit dem Wasser um sich. Und Rufus versuchte, möglichst lange unter der Wasseroberfläche zu bleiben. Beim Auftauchen rang er jedesmal gierig nach Luft und schlug wild um sich. Dann tauchten Rufus und Sixtus um die Wette. Marcus konnte nicht so lange untertauchen. Deshalb schwamm er wie ein Fisch von einer Seite zur anderen.

Ausgelassen sprangen die Jungen aus dem Wasser und liefen in die nächste Wandelhalle. Hier schritten einige Herren, ins Gespräch vertieft, auf und ab. Aber das war nichts für Marcus und seine Freunde. Sie wollten ins Wasser. So erreichten sie endlich den größten und schönsten Raum der Thermenanlage, das Caldarium. Hier im Warmwasserbad wußte Marcus nicht, wohin er zuerst schauen sollte. Durch die hohe Südwand flutete das warme Sonnenlicht durch unzählige kleinere Fenster, die zusammen eine ganze Lichtwand bildeten. Auf dem Boden sah er ein herrliches Mosaik, das aus mehreren bunten Teilbildern bestand. Im Mittelpunkt befand sich ein achteckiges Bild mit einer Gruppe von Menschen, die sich unterhielten. Dann zählte Marcus wieder acht achteckige Bilder, die im Kreis um das Mittelbild angeordnet waren. Die Zwischenräume waren mit Tausenden von bunten Steinchen in vielerlei Mustern kunstvoll ausgelegt.

Jetzt erst sah Marcus die fünf Badewannen, die in Wandnischen eingebaut waren. Geblendet von dem überwältigenden Eindruck, war Marcus stehengeblieben. „Wann kommst du endlich?" rief Rufus. Nun bemerkte Marcus die vielen Menschen, die in diesen Wannen badeten. Wo waren seine Freunde, in welcher Wanne? Marcus konnte sie unter den vielen Besuchern nicht entdecken. Er bemerkte einen Aufseher, der nach dem Rechten sah. Ein Thermendiener brachte frische Wäsche für einen Herrn. Dort kontrollierte ein anderer die Temperatur mit dem Ellenbogen. Hatten sich die Freunde unter den Bänken versteckt? Jetzt sah er sie endlich in der größten Wanne in der Mitte der Südwand. Dort tauchte Caius' Kopf auf. „Schnell hin", dachte Marcus und setzte zum Lauf an. Doch, o Schreck! Plötzlich verlor er das Gleichgewicht und fuchtelte mit den Armen. Jetzt schlug er mit dem Gesäß auf dem Mosaikboden auf und rutschte noch ein Stück weiter. Zu Füßen der Statue des griechischen Schutzgottes Aesculapius konnte er sich halten. Ein Thermendiener eilte herbei und half dem Unglücklichen auf die Beine. „Es ist Vorschrift, in den Thermen Holzschuhe zu tragen, mein Herr! Der Boden ist gefährlich glatt. Überall ist Öl und Seife." Ein paar Schritte wurde Marcus noch gestützt, dann konnte er wieder alleine gehen. Seine Freunde halfen ihm ins Wasser. Wie wunderbar warm dieses Wasser war. Es tat Marcus jetzt besonders gut. „Tut dir etwas weh?" fragte Rufus besorgt. Doch Marcus hatte den Sturz schon vergessen. Der Heilgott Aesculapius mit dem Schlangenstab hatte ihn gut beschützt. „Es hätte schlimmer ausgehen können", meinte Antonius.

Jetzt brachte der Thermendiener ein Paar Holzschuhe und stellte sie für Marcus vor der Wanne bereit. Dieser bedankte sich dafür. Hier im Caldarium hielten sich die Gäste besonders gern auf. In den fünf Becken wimmelte es von Badenden, die eifrig miteinander redeten. Marcus hörte ein paar Worte: „Mein Rheumatismus ist viel besser geworden, seit ich an den heiligen Quellen in Heckenmünster eine Trink- und Badekur gemacht habe", sagte ein Mann zu seinem Nachbarn. „Dort war ich auch schon, doch das Wasser in Bertricum (Bad Bertrich) hat mir besser geholfen", entgegnete der andere. War das nicht Gaudentius? Er sah ihm sehr ähnlich. Marcus fragte Rufus, der sogleich den Kopf schüttelte und flüsterte: „Nein, das ist nicht Gaudentius, das ist Flavius Gabso, der Kommandant der kaiserlichen Leibgarde." Jetzt stiegen die beiden Männer aus dem Becken, legten sich ihre Tücher um und gingen in den nächsten Raum.

Da stöhnte Caius: „In dieser heißen Brühe werde ich immer so müde, wenn ich zu lange still sitzen muß!" So kletterten die jungen Badegäste aus dem Wasser heraus und machten sich ebenfalls auf den Weg zum Tepidarium. Hier war die Luft angenehm lauwarm. Von seitlichen Lichthöfen schien die Sonne herein. Da es hier keine Wasserbecken gab, mußten die Badegäste in Luft baden. Dieser Raum diente dazu, den Körper allmählich abkühlen zu lassen, doch das dauerte den Jungen zu lange. So beschlossen sie, jetzt schon durch die beiden kleinen Tore in das riesige Frigidarium, das Kaltwasserbad, zu gehen.

An den beiden langen Seiten waren große Wannen in Nischen eingebaut. Auch hier war der riesige Boden mit Mosaiken geschmückt. Marcus steuerte auf die halbrunde Wanne auf der gegenüberliegenden Seite zu. An die Holzschuhe hatte er sich bereits gewöhnt. Beim Durchqueren des Raumes zählte er die Doppelschritte. „Beim Jupiter, das sind ja zwanzig Doppelschritte ($20 \times 1,50$ m $=$ 30 m), fast so viele wie die Porta Martis lang ist", rief er und suchte Rufus. Dieser schien nicht so erstaunt über die Größe der römischen Gebäude zu sein wie sein Vetter. Marcus wußte noch: Die Porta Martis ist XXIV Doppelschritte lang ($24 \times 1,50$ m $=$ 36 m), und dieser Raum ist fast so breit. Das Frigidarium war XXXVI Doppelschritte lang ($36 \times 1,50$ m $=$ 54 m). Dabei waren noch nicht die Wannen und die Nebenräume mitgerechnet. Mehrere Male kletterten die Badegäste in das kalte Wasser, schüttelten sich vor Vergnügen und liefen in der Halle herum, um sich schneller aufzuwärmen. Dabei merkte Marcus, wie groß diese Thermen wirklich waren. Antonius wußte, daß allein der Badebereich ohne die Palaestra CX Doppelschritte lang und LXVI Schritte breit war (165 m lang und 100 m breit). Schließlich meinte Sixtus: „Kommt, wir gehen noch einmal ins Caldarium, mir ist es jetzt zu kalt!" Der Vorschlag wurde freudig angenommen. So machten sie Wechselbäder. Mehrmals liefen sie die weite Strecke zwischen Caldarium und Frigidarium hin und her, spritzten sich gegenseitig naß und lachten und schrien. Das war ein Spaß!

Caius ahmte die Stimme und die Haltung ihres Lehrers Xenosophos nach, der sie immer wieder mit Spruchweisheiten belehrte: „Mens sana in corpore sano!" „In einem gesunden Körper wohnt ein gesunder Geist!" „Wir sollten tun, was uns Spaß macht, nicht was gesund ist", sagte Rufus. Alle nickten. Und schon fiel Antonius ein, sich ein wenig massieren zu lassen. Auf jeden Fall aber mußten sie sich noch mit Öl einreiben. Im Massageraum war Hochbetrieb. Viele Flaschen mit Ölen und Düften standen auf dem Boden neben den Massagebänken. Man hörte behaglich klingende Laute, aber auch Stöhnen. Thermendiener kneteten die Muskulatur der Badbesucher tüchtig durch.

Als die Jungen keinen Masseur fanden, rieben sie sich selbst mit Öl ein. Da schrie Caius plötzlich entsetzt auf. Was hatte er? Sein neuer Armreif, auf den er so stolz gewesen war, war verschwunden. Er hatte ihn verloren. Wie konnte das geschehen? „Erinnerst du dich, wo du ihn zuletzt hattest?" fragte Marcus. Aber Caius schüttelte nur entmutigt den Kopf. Für ihn war der Armreif hoffnungslos verloren. In den riesigen Thermen einen so kleinen Geldbeutel wiederzufinden, schien für ihn aussichtslos zu sein. „Los, wir helfen alle suchen", befahl Antonius. Sie stellten ihre Ölflaschen nieder und rannten den gleichen Weg zurück durch alle Räume. Sie suchten in den Wannen, unter den Bänken, hinter den Statuen, zwischen unzähligen Öllampen, hinter Vorhängen und auf Sesseln. Sie krochen bis in die letzten Winkel, legten sich auf die warmen Böden und betrachteten die Badbesucher sehr genau. Caius suchte sogar auf der Latrine, die er einmal aufgesucht hatte. Marcus und Rufus durchstöberten das Laconicum und die Reinigungsräume. Nichts! Die Jungen waren enttäuscht. Caius kämpfte mit den Tränen. „Er ist verloren, für immer verloren!" schluchzte er. Die anderen standen betroffen.

Ratlos ließen sich die Jungen auf eine Steinbank sinken. Wie konnten sie Caius trösten? Er war immer so großzügig ihnen gegenüber gewesen. Wie oft hatte er sie zum Süßigkeitenessen eingeladen? Wie oft hatte er Nüsse gekauft, auch zum Spielen!

Während sie versuchten, Caius zu beruhigen, kam der Badaufseher vorbei. Er kannte die Jungen gut. Deshalb merkte er sofort, daß bei ihnen etwas nicht in Ordnung war. „Warum laßt ihr die Köpfe so hängen?" wollte er wissen. Antonius erzählte ihm, daß Caius eine besondere Armbörse besessen hätte, die aber nun verschwunden sei. Der Aufseher griff in seinen Beutel und sagte: „Wenn ich in den Thermen bei meinem Kontrollgang etwas finde, stecke ich es hier hinein." Die Augen der Kinder waren gespannt auf den Inhalt des Beutels gerichtet, der langsam auf dem Boden ausgebreitet wurde. Was kam da nicht alles zum Vorschein: Mehrere Haarnadeln aus Elfenbein, ein Würfel, ein Goldohrring, zwei Kämme, ein paar kleine Münzen und eine Fibel, die ein Gewand zusammenhalten konnte. „Ein verrücktes Ding, das ich nicht kenne, habe ich im Schwitzbad gefunden", sagte der Aufseher und hielt tatsächlich Caius' Armreif in der Hand. „Das ist Caius' Armreif!" schrien alle wie aus einem Munde. „So einen raffinierten Münzbeutel habe ich ja noch nie gesehen, wie funktioniert das Ding?" Caius war überglücklich und die anderen mit ihm. Eifrig erklärte er dem Finder den Armreif mit der walnußgroßen Verdikkung, in der ein paar kleine Münzen Platz fanden. „Man braucht ihn nur über den Arm zu streifen, und schon ist die kleine Klappe des Faches verschlossen."

Dann bedankte sich Caius. Der Aufseher raffte seine Fundsachen wieder zusammen und entfernte sich.

„Los, wir wollen schwimmen in der Natatio!" Dieses Becken war so groß wie das Frigidarium, XXXVI (36) Doppelschritte lang. Hier trieben sich die Jungen jetzt am liebsten herum. Sie tauchten unter und sprangen wild ins Wasser, sie spritzten Wasser und erschreckten sogar den Bademeister, der die ausgelassene Freude der Jungen duldete. Caius fühlte immerzu, ob sein Armreif nicht verloren war. Später wollte er für seine Freunde eine Stärkung in der Palaestra kaufen. In der Natatio konnten die Lausbuben lange kein Ende finden. Endlich meldete sich bei allen der Hunger. In der angrenzenden Palaestra war leicht etwas Eßbares zu finden. In den Verkaufsläden suchten sie sich rote heiße Würstchen aus, Caius blieb seinem süßen Honigkuchen treu. Am Wasserspeier löschten sie alle ihren großen Durst.

Während sie ihren Hunger stillten, schauten sie den Ringkämpfen in der Palaestra zu. „Sollen wir auch kämpfen?" fragte Rufus. Dazu hatten alle Lust. Dann kämpfte Sixtus gegen Marcus. Beide wälzten sich auf dem Rasen. Wer war stärker, wer geschickter? Die anderen feuerten Marcus an. Sie wußten, wie kräftig Sixtus war. Doch Marcus, wie schätzten sie ihn ein? Er traute sich nicht so recht. Plötzlich lag Sixtus auf der Erde. Marcus zog ihn wieder hoch. Warum tat er das? Er hätte doch schon gewonnen. Nein, Marcus wollte noch weiter kämpfen. Er begann, den Gegner heftiger zu bedrängen. Wie stark er war, merkte er erst jetzt. Lange rangen die beiden miteinander. Die Adern schwollen an, die Augen wurden schmal. Der Kampf war ernst. Dann streckte Marcus, angefeuert von seinen Freunden, Sixtus zu Boden, der erschöpft liegenblieb. Als er sich wieder erhob, sagte er: „Du bist ja ein verdammt starker Gegner! Mit dir macht es Spaß zu kämpfen. Wenn du willst, gehen wir öfter zum Gymnasium (Turnplatz)." Da sagte Marcus nicht nein. Er war stolz.

Jetzt wollten sich alle wieder anziehen. In den Umkleideräumen stellten sie erleichtert fest, daß ihnen nichts gestohlen worden war.

Sechstes Kapitel

„Wer erringt den Lorbeerkranz?"

Wagenrennen im Circus

Es waren nur noch wenige Tage bis zum Beginn der Wagenrennen im Circus von Treveris. Sie fanden zu Beginn des Monats August statt. Dieser Monat trug den Namen des Stadtgründers Kaiser Augustus. Er selbst hatte vor über CCC (300) Jahren den Ort als Augusta Treverorum zur Stadt erhoben. Dieser Festtag wurde alljährlich groß gefeiert. Alle Bürger bereiteten sich seit langem darauf vor. Frauen und Mädchen bekamen neue Gewänder, suchten sich beim Händler passenden Schmuck aus und ließen sich

Relief einer Frisierszene: vier Dienerinnen legen der Herrin die Frisur an

von ihren Betreuerinnen neue Frisuren zusammenstecken. So war auch Suricula herausgefordert, für Tante Livia und Claudia die modernste Frisur auszuprobieren.

Marcus und Rufus kamen eben am Zimmer der Hausherrin vorbei, als Suricula Tante Livia den Spiegel vorhielt. „Die Locken hier sitzen noch nicht genau an der richtigen Stelle. Kannst du noch eine Haarnadel hineinstecken?" Auf dem Tisch vor ihr standen viele kleine und größere Flaschen aus Glas. Marcus entdeckte auch das Kugeltrichterfläschchen, das sie als Geschenk mitgebracht hatten. Und welche Düfte aus dem Zimmer drangen! Rufus rümpfte die Nase. Dann verschwanden die beiden, bevor sie weggeschickt werden konnten. Sie wollten schauen, was sich in der Stadt tat.

Rufus äffte seine Schwester nach. „Suricula", flötete er mit heller Stimme, „zupf mir doch dieses Härchen mit der Pinzette aus!" Marcus schmunzelte. Rufus gefiel sich in der Rolle und machte weiter: „Wo ist das Hornpulver? Ich möchte meine Zähne zum Glänzen bringen. Suricula, ich brauche das Bleiweißpulver, um meine Gesichtshaut zu erfrischen."

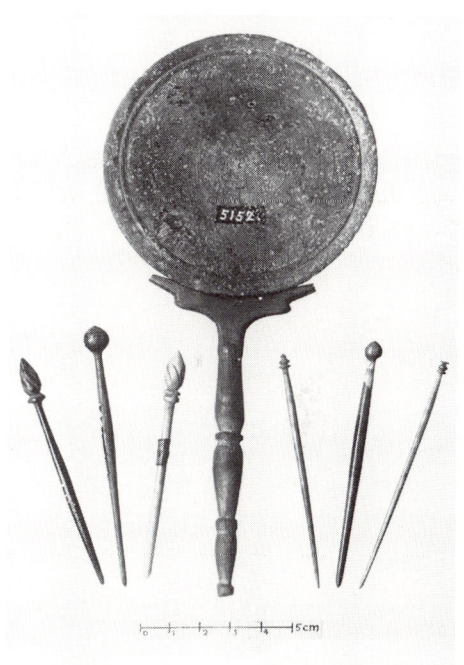

Haarnadeln aus Bein und Bronzespiegel

Auf den Straßen sahen sie viele fremde Menschen, wie immer bei großen Festen. „Hier, schau", rief Marcus und zeigte auf ein Haus. „Hier stehen schon die Namen der Wagenlenker." Sie betrachteten die Hauswand genauer, die mit frischer Farbe bepinselt war. „Ist Thorax auch dabei?" fragte Rufus und suchte unter den vielen Namen seinen Favoriten heraus. „Hier steht er." Marcus hatte ihn entdeckt. „Ich wette, daß Thorax gewinnt", rief Rufus begeistert. „Nie und nimmer", widersprach Marcus und schaute Rufus herausfordernd an. Nicht lange danach standen die beiden vor einem Wettbüro und suchten ihre Münzen zusammen. Hier mußten sie Geduld haben. „Ich möchte wissen, wieviel Gold nach den Wettkämpfen den Besitzer wechselt", sagte Rufus. „Die Spielleidenschaft erfaßt an solchen Tagen viele Menschen. Im letzten Jahr habe ich zwei Goldmünzen gewonnen, ein kleines Vermögen."

„Hier seid ihr", riefen da Sixtus und Caius. „Wir wollten euch auf dem Forum suchen, doch dann hat Cavo uns zu euch geführt." Caius zeigte auf den großen Jagdhund, der wild an der Leine zerrte. Caius klopfte freundschaftlich auf Cavos Hals und sagte: „Du bist ein guter Spürhund." Sixtus meinte: „Hätte ich eine ebenso gute Nase, um die beste Wette zu erschnüffeln! Wollt ihr auch wetten?" „Natürlich, wir warten schon lange hier", antwortete Marcus. „Ich habe Astor aus Divodurum (Metz) auf der Liste gesehen", sagte Caius. „Er hat noch nie verloren." „Thorax auch noch nicht. Du weißt, er fährt für die kaiserliche Partei", warf Rufus ein. „Thelesphorus soll auch sehr stark sein. Er hat jetzt auch die besonders schnellen Pferde aus der Trevererzucht", meinte Sixtus. „Auf eurer Reise vom Kastell Beda (Bitburg) nach Treveris müßt ihr doch die berühmte Pferdezucht gesehen haben?" warf Caius fragend ein. Marcus konnte sich nicht erinnern. Und Rufus rief plötzlich: „Ach, laßt uns später wetten, wir wollen lieber zu den Rennställen. Vielleicht sind schon Pferde angekommen. Danach können wir uns ein besseres Urteil bilden."

Sie begaben sich in Richtung des Circus maximus im Osten, der nicht weit vom Amphitheater entfernt lag. Cavo zog Caius ungestüm hinter sich her. „Dieser Hund will unbedingt in die Wettkampfbahn", lästerte Caius keuchend. „Er hat Fortuna auf seiner Seite", rief Marcus. „Gegen dich, Caius, hat er schon jetzt gewonnen", spottete Sixtus. Ihr Gelächter ging unter in dem Geschrei von tanzenden Gauklern, die sich mit Masken und bunten Kleidern unter die Leute gemischt hatten. Sie sangen Lieder und spielten lustige Melodien auf ihren Instrumenten. Einer ließ laufend einen Spielstein in einem Tuch verschwinden und zog ihn dann aus dem Schuh wieder heraus. Ein Schauspieler ging mit einem Trinkbecher aus Bronze durch die Menge und bettelte um ein paar Münzen. Cavo bellte das Pferd aufgeregt an, auf dem ein Mann saß, der immer neue Theatermasken vor sein Gesicht hielt. Jetzt setzte er eine Tonmaske auf, die ein volles Lachen zeigte. Wenige Augenblicke später wollte er die Zuschauer das Fürchten lehren.

Caius mußte mit dem Jagdhund weiter, das Pferd war schon unruhig geworden. Ein Glück, das Tor zum Circus stand offen. Die vier Freunde schlichen sich hinein. Sie wußten, daß sie bei den Vorbereitungsarbeiten nicht gern gesehen waren. Ein Heer von Arbeitern brachte die Sitzplätze in Ordnung. Karren mit frischem Sand wurden auf die Rennbahn gefahren. Die Kaiserloge wurde auf Hochglanz gebracht. Bald würden hier die bekanntesten Wagenlenker des Reiches um den Lorbeerkranz kämpfen. Vom Sonnenaufgang bis zum Untergang würden zweirädrige Wagen, von vier schnellen Pferden gezogen, über die Bahn brausen, an den drei Wendemarken, den Metae, wenden und auf der anderen Seite der langen Mauer wieder zurückrasen.

In den Rennställen neben dem Eingang waren noch keine Pferde. Aber am nächsten Tag hörten sie schon von weitem ein Pferdewiehern. Diesmal waren auch die anderen dabei, Antonius, Cornelia und Fedula. Aufgeregt näherten sie sich den Rennställen. Tatsächlich, die ersten Pferde waren angekommen. „Was habt ihr hier zu suchen?" fuhr ein Stallknecht sie an. „Schert euch weg!" Enttäuscht blieben die Kinder stehen. „Die Tiere brauchen sicher Ruhe. Sie haben einen weiten Transport hinter sich", sagte Antonius. „Im letzten Jahr durften wir näher heran", meinte Caius. Sixtus schlug vor, noch einmal zu fragen. Dann sagte Rufus: „Wir bleiben eine Weile hier stehen, vielleicht sehen wir doch noch, wem die Pferde gehören." Cornelia erinnerte sich: „War nicht vor ein paar Monaten ein Fall, wo ein Kind mit einer Dose Gift in den Stall eines Gegners geschickt wurde?" „Was will ein Kind denn mit Gift in einem Rennstall?" fragte Caius. „So etwas kann doch gefährlich für die Tiere sein." Rufus schüttelte den Kopf. „Was du nicht sagst." „Gut, daß Sophos dich nicht gehört hat", lachte Sixtus. „Wer das tat, war auch sicher kein Freund dieser Pferde." Jetzt dämmerte es bei Caius. „Ich kann nicht beides, auf meinen Honigkuchen achten und schlaue Reden halten." Das war zuviel für Caius. Aber von Honigkuchen konnte er nie genug bekommen.

An diesem Tag ereignete sich nichts mehr in der Nähe des Circus. Am nächsten Tag liefen die Kinder nach der Schule sofort wieder dorthin. Diesmal hatten sie Glück. Thorax war da! Thorax, ihr Favorit. Marcus und Rufus hatten auf ihn gewettet, Rufus kannte ihn. Die Herzen der Jungen schlugen höher, als sie beharrlich am Zaun zu den Rennställen standen und warteten. „Thorax ist für mich der größte Wagenlenker aller Zeiten", sagte Rufus. „Er paßt gut auf seine Tiere auf."

„Ich wette, er schläft sogar bei ihnen, um ganz sicher zu sein, daß ihnen nichts ins Futter gemischt wird." Da sagte Caius: „Du meinst, so etwas sollte ich tun, ich habe nämlich auf Astor gewettet. Er macht nämlich das Rennen." Marcus kannte sich noch nicht so gut aus. Er hatte sich auf Rufus verlassen. Aber war das richtig? Cornelia hatte auch auf Thorax gesetzt, und Fedula gab Thelesphorus eine Chance. Antonius wollte seinen Wettkandidaten nicht verraten. Sixtus hatte auch auf Thorax getippt. Das versprach ein spannendes Rennen zu werden.

Doch als sie ihn dann sahen, den muskulösen Athleten, stockte allen der Atem. Thorax kam auf sie zu. Er trug einen kurzen Lendenschurz aus Leder. Der Oberkörper war unbekleidet. In der Hand hielt er eine Peitsche mit Lederriemen. Wollte er sie auspeitschen? Nein, das war nicht seine Absicht. Er fragte sie mit freundlicher Miene: „Ihr wollt wohl später einmal Wagenlenker werden? Eure Nasenspitze hat euch verraten." Die Jungen konnten zuerst nicht antworten. Sie waren sprachlos, als der verehrte

Wagenlenker so direkt mit ihnen redete. Rufus fand als erster die Sprache wieder: „Stimmt es, daß du noch kein Rennen verloren hast?" Er nickte bejahend. „Die Götter waren mir immer gnädig. Und für dieses Rennen hier drückt ihr mir doch auch die Daumen?" „Selbstverständlich!" riefen alle begeistert, auch die, die einen anderen Favoriten hatten. „Wir würden so gern einmal die Pferde sehen", wagte Marcus sich vor. Doch das ließ Thorax nicht zu. Er vertröstete sie: „Wenn ihr am Morgen vor dem Rennen kommt, werde ich euch die Pferde zeigen. Dann sind sie schon geschmückt. Jetzt brauchen sie Ruhe. Sie haben gerade ihr Futter bekommen." Dann ging er wieder zurück, und die Kinder eilten nach Hause.

Am nächsten Tag, am Vortag des Rennens, sahen die Jungen auf der 300 Doppelschritte langen Rennbahn das Vierergespann der grünen Partei um die Wendemarken rasen. Das mußte Astor sein.

Ein kleiner Vorgeschmack auf das große Rennen! Die Fahrer der weißen, roten und blauen Partei trainierten zu anderen Zeiten. Bald ging es um den begehrten Lorbeerkranz und um Palmzweige.

In der Nacht vor dem großen Ereignis konnten Marcus und Rufus kaum schlafen, so aufgeregt waren sie. Dann war der große Tag gekommen. Die Jungen waren schon früh in der Nähe des Circus. An den Rennställen herrschte große Betriebsamkeit. Die Pferdepfleger kümmerten sich geschäftig um ihre Tiere. Es hing viel davon ab, daß sie in Ordnung waren. Sie wurden ein letztes Mal vor dem Rennen gestriegelt und gefüttert.

Thorax hatte die Jungen nicht vergessen. In seiner Rennkleidung schritt er ihnen entgegen, mit der kurzen roten Tunika, der Farbe seiner Partei. Um seine Beine und Schenkel hatte er schützende Lederstreifen gebunden. Auf dem Kopf trug er einen Metallhelm. Thorax schritt stolz vor den Kindern her zu seinem Rennstall. Hier standen sie nun, die vier Pferde ihres „Favoriten" aus Treveris. Sie waren mit festlichem Zaumzeug geschmückt. In die Mähnenhaare waren Perlen geflochten, und an den Lederrie-

Rennfahrer aus dem Circus, der sein Leit(?)-Pferd heranführt

men hingen Amulette, mit denen Thorax Fortuna beschwören wollte. Thorax streichelte ein Pferd besonders liebevoll. „Das ist Fulminator. Er ist wirklich wie ein Blitz (fulmen)", sagte er, „mein bestes Pferd, das Leitpferd. Es muß beim Rennen ganz auf der linken Seite der Quadriga laufen und hat die schwerste Aufgabe zu erfüllen." „Ich verstehe", rief Sixtus, „wenn das Gespann bei der Kurve linksherum auf die andere Seite der Trennmauer, der Spina, zieht, dann muß es den Bogen so eng wie möglich nehmen. Je weiter der Weg, desto länger die Rennzeit bis zum Ziel!" „Du bist ein scharfer Denker", sagte Thorax, „so wird beim Rennen genau gerechnet. Es geht oft nur um einen winzigen Augenblick! Der große Astor aus Divodurum (Metz), der Fahrer der grünen Partei, ist ein zäher Gegner. Gegen ihn bin ich noch nie gefahren, aber ich weiß, daß er ebenso wie ich noch kein Rennen verloren hat. Schon zu Cäsars Zeiten waren die Pferde der Kelten, besonders der Treverer, gefürchtet. Astor hat die Pferde hier aus der Gegend wie ich. Sein Leitpferd heißt Phosphor (Morgenstern)."

Die Kinder durften Fulminator vorsichtig streicheln. Bald sollte das Leitpferd Schwerstarbeit leisten. Die Kinder verabschiedeten sich. Endlich war es soweit. In der Ferne waren schon Musikantenklänge zu vernehmen. „Es geht los!" schrie Sixtus aufgeregt. Keiner wollte etwas versäumen. So liefen die Jungen der pompösen Prozession aus Akteuren und Zuschauern entgegen, die man schon von weitem hören konnte. Sie bewegte sich zunächst durch die ganze Stadt und dann zum Circus hin.

Je näher der Zug kam, desto größer wurde der Andrang der Menschen, die sich einreihen wollten. Hier wurde getanzt, gejubelt, gelacht und geschrien. Die gesamte Jugend war zu Pferd und zu Fuß unterwegs. Tänzer sprangen wild zwischen den Musikanten, die sich in bunte Gewänder gehüllt hatten. Dann kamen die Wettkämpfer selbst. Thorax war auch dabei. Die Kinder schrien sich fast die Kehle aus dem Leib. So viele Menschen! Ob der Circus groß genug war? Marcus hatte Bedenken.

Und tatsächlich füllten sich die Reihen auf den Rängen, und die einzelnen Plätze waren schnell besetzt. Sie selbst brauchten sich keine Sorgen um ihre Sitzplätze zu machen. Für eine bestimmte Summe konnte man sich feste Plätze mieten für das ganze Jahr. Die Steinplatten trugen dann die Namen der Mieter. Rufus führte Marcus zu ihren Plätzen. Sie lagen an der Stelle der Bahn, wo die Wagen um die Metae, die Wendemarken, in die andere Richtung rennen mußten. Dort, in der Kurve (Funda), wurde das Wagenrennen in den meisten Fällen entschieden.

„Sie kommen, sie kommen!" schrie Marcus und zeigte mit dem Finger auf das weit geöffnete Einlaßtor auf der gegenüberliegenden Seite. Und richtig, der Umzug marschierte in den Circus ein und begann eine Ehrenrunde durch die lange Bahn. Tausende von Blumen wurden von Frauen und Mädchen auf den Festzug geworfen. Auf der Spina, der Trennmauer zwischen den Bahnen, neben den Obelisken stellten jetzt die Priester die Götterbildnisse auf. Die Wettkämpfer ließen sich eine Runde lang von den Zuschauern begeistert feiern. Rote, weiße, blaue und grüne Fähnchen wurden geschwenkt und in die Bahn geworfen. Die Rennbahn bedeckte sich unter ohrenbetäubendem Jubelgeschrei mit Geschenken für die schnellen Lenker, die mit geschwellter Brust und erhobenen Armen die Beifallsstürme entgegennahmen.

Hinter der Kaiserloge löste sich der Zug auf. Atemlos blickte die Menge zum Kaiser. Er war noch nicht aufgestanden. Die Wagenlenker gingen zu ihren Pferden, die zum Start bereitstanden. Eine Schrankenanlage (Carceres) hielt die Pferde in den Startboxen zurück.

Marcus zeigte auf das Säulengebälk der Spina und schaute Rufus fragend an. „Das sind die sieben Holzdelphine, die jetzt noch mit ihren Köpfen nach unten stehen. Bei jeder gefahrenen Runde dreht ein Circusdiener einen Delphin nach oben. So weiß man, wieviel Runden gefahren sind. Und dort hinten auf der anderen Seite der Spina, wenn du genau schaust, kannst du vielleicht sieben Holzeier sehen, die umgekehrt von oben nach unten gelegt werden. Aber hör!"

Als sich Kaiser Constantin mit Trompetenschall von seinem Platz erhob und den Beginn des Rennens ankündigte, wurde die Menge von einem wahren Fieber erfaßt. Über seiner scharlachroten Tunika trug der Kaiser seine vornehme weiße Toga mit dem Purpurstreifen. In der Hand hielt er das Elfenbeinzepter, auf dem ein Adler mit weit ausgebreiteten Flügeln saß. Auf dem Haupt des Kaisers lastete der goldene Blätterkranz so schwer, daß ein Sklave diesen von hinten stützen mußte.

Der Kaiser hob das weiße Tuch. Die Spannung wurde unerträglich. Vier Lenker standen am Start auf ihren superleichten zweirädrigen Wagen. Sie lagen weit nach vorne gebeugt, die Zügel der vier Pferde um die Brust geschlungen. Thorax sah in seiner roten, ärmellosen Tunika und dem glänzenden Helm bewundernswert aus. Neben ihm lauerten der blaue und grüne, auf der anderen Seite der weiße Wagenlenker auf das Zeichen. Und da war es schon! Der Kaiser warf das weiße Tuch weit in die Arena. Augenblicklich senkte sich der Startbalken, und ein Trompetenstoß erfüllte die riesigen Circusmauern. Vierzigtausend Zuschauer hielten den Atem an.

Der Wettkampf hatte begonnen. Mit einem Ruck rannten unter tosendem Beifall die Quadrigen aus ihren Boxen. Die perlengeschmückten Pferde hüllten die Bahn in eine einzige Staubwolke.

In gestrecktem Galopp zogen die Tiere die leichten Zweiradwagen, die von den Lenkern mit äußerster Geschicklichkeit und Anstrengung im Gleichgewicht gehalten wurden, über die Bahn. Diesmal hatten alle den ersten Ruck überstanden, der so manchem schon zum Verhängnis geworden war.

94

Mosaik mit dem siegreichen Rennfahrer Polydus, mit dem Leitpferd Compressor und dem weiteren Gespann

95

Thorax war hervorragend gestartet. Jetzt rasten sechzehn Pferde auf etwa gleicher Höhe den Metae entgegen, den Säulen der ersten Entscheidung. Würde Thorax sie als erster umfahren und die Führung an sich reißen? Aufgeregt sprangen die Kinder von ihren Sitzen und feuerten ihren Favoriten an. „Thorax, Thorax, nika (siege), Thorax, Thorax!"

Die Vierergespanne rückten in wildem Gedränge näher zusammen, die Köpfe der Pferde waren hoch in die Luft gereckt. Das Gespann von Astor lag eine Nasenlänge vorn. Astor peitschte plötzlich wild auf seine Pferde ein. Viele tausend Zuschauer schrien gellend auf. Keiner saß mehr auf seinem Platz. Da – ein Zusammenstoß kurz vor der Wendemarke, ganz nah vor den Augen der Kinder! Pferde wälzten sich im Staub und schlugen mit den Beinen um sich. War es Thorax? Nach wenigen Augenblicken atmete Marcus auf. Es war nicht Thorax. Nein, der Lenker der weißen Partei humpelte unter den verächtlichen Pfiffen der Menge hinaus. Während Circusarbeiter herbeieilten, um die Bahn freizuräumen, raste Astor als erster in die Kurve. Dieser Teufelskerl! Hatte er etwa den weißen Gegner aus der Bahn geworfen? „Das war haarscharf!" rief Marcus. Und Sixtus grölte: „Wozu ein kleiner Dolch doch nützlich ist, wenn man ihn geschickt zu gebrauchen weiß." „Ich konnte nicht erkennen, wie der Verunglückte seine Zügel durchschnitt, aber es hat ihm das Leben gerettet, sonst hätten die Pferde ihn zu Tode gerissen", sagte Sixtus begeistert. Er drehte immerzu seine Locken hinter dem Ohr und kaute auf dem Daumen herum. Das Rennen lief ohne Unterbrechung für die anderen weiter. Einer war auf der Strecke geblieben – aus dem Rennen geworfen! Die drei übrigen Quadrigen rasten mit unverminderter Geschwindigkeit auf der anderen Seite wieder zur Ausgangsstelle zurück. Hoffentlich waren die zerstreuten Wagenteile des Verunglückten aus der Bahn geschafft, wenn die Quadrigen wieder anbrausten! Tatsächlich, in wenigen Augenblicken war die Bahn geräumt, so, als ob nichts geschehen wäre.

Die Anhänger der weißen Partei steckten enttäuscht ihre weißen Tücher ein, zogen rasch eine andere Farbe hervor und

96

schwenkten in ihren Jubelrufen auf eine andere Partei um. Wie viele mochten jetzt schon ein hübsches Sümmchen beim Wetten verloren haben! Doch würde Thorax gewinnen? Immer noch lag Astor auf der günstigen Innenbahn. Dieses Bild hatte sich nach drei Runden nicht wesentlich geändert. Drei Eier waren dort, drei Delphine hier umgedreht worden. Astor raste mit seinem Leitpferd Phosphor auf der Innenbahn, Kopf an Kopf mit Thorax, während Telesphorus, der Vertreter der blauen Partei, verzweifelt versuchte, die verlorenen Schrittlängen aufzuholen. Er war abgeschlagen. Dennoch feuerten viele Zuschauer ihn an und schwenkten blaue Tücher.

Aber die Namen Astor und Thorax wurden immer deutlicher hörbar. Sprechchöre schallten jetzt weit über die Ränge und über die Stadtmauer hinaus. Von Runde zu Runde erhitzten sich die Gemüter der tosenden Zuschauer mehr und mehr. Die Pferde legten – so schien es – noch an Geschwindigkeit zu, aber ohne etwas an der Position der Quadrigen zu verändern. Wie lange würden die Tiere dieses Tempo noch durchhalten können?

Dann begann endlich die letzte Runde. Nur noch eine Eierkugel und ein einziger Delphin waren auf der Spina zu drehen. Die Spannung war unermeßlich. Und als die Menschen für kurze Zeit ruhiger wurden, konnte man das Schnauben der Tiere und das Trampeln ihrer Hufe deutlich vernehmen. Die letzte Runde hatte begonnen. Wenn nicht noch ein Wunder geschah, hatte Thorax verloren.

„Ful-mi-na-tor!" schrie Marcus. Vielleicht würde das Pferd ihn hören. Thorax mußte einfach gewinnen, sie kannten ihn doch persönlich. Dann brausten die Zuschauer mit ihren Anfeuerungsrufen wieder los: „Thorax!" „Astor!" „Thorax!" „Astor!" Mit beschwörenden Armbewegungen winkten die Menschen ihren Favoriten zu. Caius mußte vor Aufregung immer wieder in ein Stück Kuchen beißen, das er sich mitgebracht hatte. „Unglaublich, wie dieser Astor seine Peitsche auf die Rücken der Pferde niederfahren läßt!" schrie Rufus zu Marcus, der mißbilligend erwiderte: „Die Pferde, die ihre letzten Kräfte hergeben, werden auch noch geschlagen!" „Thorax sollte das auch tun, dann würde er bestimmt gewinnen!" rief Sixtus. „Die Peitsche, Thorax, die Peitsche!" Doch Thorax hörte das Geschrei nicht, er hatte die Peitsche in seinem Gürtel stecken und führte die Zügel recht locker. Jetzt erreichte Astor auch noch einen kleinen Vorsprung. Nur noch ein paar hundert Schritte, dann winkten dem Sieger Ruhm und Reichtum. Doch noch war es nicht soweit! Thorax legte sich noch weiter nach vorn und ließ seinen fliegenden Pferden die Zügel noch lockerer. Da, die letzte Kurve! Jetzt zog Thorax Fulminators Zügel scharf nach links – genau in dem Moment, in dem Astor sein Tempo verringern mußte, um die für ihn schärfere Innenkurve zu nehmen. Damit war Thorax auf der Innenbahn, und Astor war besiegt. Wie ein Blitz stoben die Pferde durch das Ziel. Das war knapp!

Die Zuschauer rasten vor Begeisterung. Dieser Überraschungssieg brachte Thorax die Bewunderung des gesamten Publikums ein. Man schrie sich die Stimme heiser und klatschte sich die Hände wund. Der Kaiser erhob sich unter dem Beifallssturm der Circusbesucher. Dann erhielt Thorax ein Tablett mit Goldmünzen, den Palmzweig und den Lorbeerkranz. „Der steht ihm gut", fand Marcus. Glücklich schaute Thorax zu den jungen Verehrern hinüber. Er winkte ihnen zu. Hatten sie nicht bei Fortuna ein paar Denare gewonnen? Wieviel es war, würde sich bald herausstellen. Später bildete sich in der Arena ein Festzug, der sich langsam aus der Rennbahn hinaus auf das Forum zu bewegte. Dort gab es auf Kosten des Kaisers heute noch Essen und Trinken für jedermann. Wer wollte sich das entgehen lassen? Bis in die Nacht hinein wurde gefeiert. Bei Anbruch der Dunkelheit brachten die Sklaven Pechfackeln, um das Forum zu erhellen. Immer wieder tauchten die Namen „Thorax" und „Fulminator" auf. Sie hatten einen sensationellen Sieg errungen. Ob die Rennen am nächsten Tag ebenso aufregend verlaufen würden, war nach diesem Auftakt sehr unwahrscheinlich. Jedenfalls standen noch einige Pferde- und Wagenrennen auf dem Programm.

„Spannend sind auch die Rennen, bei denen die Gespanne aus zwei oder drei Pferden bestehen", sagte Rufus. „Ich möchte so gerne Thorax noch einmal sehen", meinte Marcus, „ob er morgen wieder dabei ist?" Das wünschte Rufus sich auch. Für den nächsten Tag wurden auch lustige Darbietungen erwartet. Neben Scheinkämpfen gehörten auch akrobatische Kunststücke von galoppierenden Reitern dazu. Rufus berichtete aufgeregt: „Im letzten Rennen sprang ein Reiter im vollen Galopp von einem Pferderücken zum anderen, während die beiden Pferde durch die ganze Rennbahn rasten." Marcus versuchte sich das vorzustellen. Immer wieder dachte er an Thorax mit Fulminator. Das war wirklich ein Blitzgespann!

Siebtes Kapitel
„Wir, die Todgeweihten, grüßen dich!"
Blutige Spiele im Amphitheater

Nicht lange nach den Wagenrennen im Circus maximus standen die „Fränkischen Spiele" auf dem Vergnügungsplan von Treveris. Auch sie waren außerordentlich beliebt bei der Bevölkerung des ganzen Landes. Von Zeit zu Zeit verlangte das Volk vom Kaiser oder dem Magistrat, dem Vertreter der Stadt, gefährliche Spiele im Amphitheater. Dort kämpften Tiere gegen Tiere, Menschen gegen Tiere und Menschen gegen Menschen. Nach dem Unterricht hatten die Jungen sich am Amphitheater verabredet. Nur Antonius hatte sich entschuldigt und etwas von Fischen gemurmelt. Die Mädchen hatten auch keine Zeit. Fedula mußte ihre Mutter vertreten, und Cornelia wollte zum Baden in die Thermen, die heute für Frauen länger geöffnet hatten.

Marcus und Rufus waren als erste da. Die beiden Westtore waren verschlossen. So schlenderten sie einmal nach rechts, bis sie auf die hohe Stadtmauer trafen. Hier war kein Weiterkommen. „Das Amphitheater ist in die gewaltige Befestigungsanlage der Stadt mit einbezogen", sagte Rufus und zeigte auf die Stadtmauer, auf der ein Wächter mit Speer und Helm zum Wachtturm schritt. „Geht die Mauer durch die Arena?" fragte Marcus, der sich kein richtiges Bild machen konnte. „Nein", sagte Rufus, „sie verläuft dort oben entlang im Bogen über diesen Arenawall, schau, bis hinter das Nordtor!" Nun liefen die Jungen nach links und verfolgten mit ihren Augen die gewaltige Mauer mit ihren Wächtertürmen. „Dann liegt das Amphitheater ja außerhalb der Stadt", stellte Marcus fest. Jetzt standen sie vor dem mächtigen Nordtor. Links daneben zog sich die Stadtmauer weiter nach Norden. Das Nordtor war offen, und die beiden schauten in das Amphitheater hinein.

Wie eine riesige Schüssel lag es vor ihnen. Zu beiden Seiten ragten die Sitzränge über der ovalen Kampfarena auf. „Von hier führt die Straße durch das Amphitheater zum Südtor hinaus nach Argentorate (Straßburg). Auch zur Verteidigung der Stadt ist diese Stelle günstig. Kommen Feinde durch dieses Südtor in die Stadt, so werden beide Tore geschlossen, und sie sind gefangen." „Gefangen wie in einer Falle!" meinte Marcus. Rufus nickte. Dann gingen die beiden zögernd in die Arena hinein. Was war hier los?

In der Arena herrschte ein reges Treiben. Auf den drei Rängen waren viele Arbeiter dabei, die Sitzplätze zu reinigen und den Staub wegzufegen. Der Boden wurde mit frischem Sand bestreut. Viele Karren wurden dazu benötigt. Ein dunkelhäutiger Mann kehrte die Abdeckung des Ringkanals entlang der Arenamauer. Mehrere Männer schleppten einen schweren Balken zu einem tiefen Loch hinter der Mauer. „Wozu wird dieser Baumstamm dort gebraucht?" wollte Marcus wissen. Rufus antwortete: „Das könnte einer der vier Mastbäume für das Sonnensegel sein. Es schützt vor der Hitze in dieser Jahreszeit. Riesige Tücher werden an Stangen dort über die Südseite gespannt. Das ist eine gefährliche Arbeit." Rufus und Marcus standen in der Mitte der Arena. „Sind schon Tiere und Gefangene in den Käfigen hier in der Mauer?" Marcus blickte rundum zu den vielen vergitterten Türen in der Arenamauer.

Da rollte quietschend ein Wagen heran. Hinter Gitterstäben lagen drei schlafende Löwen. Vor einem Arenakäfig hielten die Männer an. Eisenstäbe wurden bewegt, Ketten rasselten, ein Schloß knarrte. Die Löwen bewegten sich unter lautem Gebrüll in den Mauerkäfig. Marcus atmete auf, als die Gittertür ins Schloß fiel. „Wenn sich nun ein Löwe losreißt, was dann?" fragte Marcus und blickte nach einem Sandkarren, hinter dem er sich in Sicherheit bringen wollte. Auch Rufus hielt nach einem Schutz Ausschau, als der nächste Wagen in die Arena ratterte. Was er wohl geladen hatte? Sie erkannten mehrere Esel. Rufus und Marcus traten beruhigt näher.

Jetzt eilten Sixtus und Caius herbei. „Endlich! Wo bleibt ihr nur?" Sie waren außer Atem, und es dauerte eine Weile, bis

Marcus und Rufus verstanden, was sie sagen wollten: „Im Hafen sind Schiffe angekommen mit Bären aus den germanischen Wäldern, riesige Tiere!" Caius machte eine weit ausladende Handbewegung, um die Größe der Tiere zu zeigen. „Und Panther aus Afrika!" rief Sixtus und rollte die Augen vor Vergnügen. „Und Tiger! Und . . ." Caius keuchte und schnappte nach Luft. Auch Sixtus wischte sich den Schweiß von der Stirn. „Sie müssen bald hier sein. Die Käfige sind auf Ochsenkarren unterwegs. Ich würde so gerne einmal einen Elefanten in Treveris sehen. Mein Onkel hat erzählt, in Rom, im Colosseum . . ."

Da ertönte plötzlich ein dumpfes Geräusch. Rufus verstummte. Was war das? Ein Wagen? Nein! Quietschten da schlecht geölte Eisenbolzen? „Ein Erdbeben!" schrie Marcus entsetzt. „Die Erde bewegt sich!" Die Jungen erschraken zu Tode. Tatsächlich bebte der Boden, auf dem sie standen. Er senkte sich unter Getöse langsam nach unten. „Die Hebebühne fährt in den Keller! Schnell!" schrie Sixtus. Er sprang als erster auf festen Boden. Auch Marcus und Rufus schafften es gut. Nur Caius hatte Mühe mit dem Klettern. „Helft mir doch!" rief er verzweifelt. „Laßt mich doch nicht in diese Unterwelt hinab! Dieser Ort ist mir unheimlich!" Mit vereinten Kräften zogen die Jungen Caius hoch. Endlich, geschafft! Jetzt lag Caius gerettet im roten Sand der Arena. Er stöhnte. Die Bühne war mittlerweile fast ganz unten. Ein riesiges viereckiges Loch klaffte mitten in der Arena. „Dort unten bringen mich keine zehn Pferde hin", sagte Caius. „Hört ihr die Gefangenen? Verbrecher warten dort auf ihre Todesstrafe", sagte Rufus.

Die Jungen versuchten, etwas in der Dunkelheit dort unten zu erkennen. „Da sind dicke Steinblöcke", meinte Sixtus. „Ich sehe eine vergitterte Tür", flüsterte Caius. „Dort sind Stützbalken", zeigte Marcus. „Glitzert da nicht Wasser?" fragte Sixtus. „Und wie das riecht! Nach Moder und Schlamm", sagte Rufus angewidert. Er verzog das Gesicht und trat ein paar Schritte zurück. Da fuhr ihm erneut ein Schreck in die Glieder. Ein Tierwärter, der große blutige Fleischstücke auf dem Arm trug, stieß mit ihm zusammen. Woher war er gekommen? Der Arbeiter wetterte etwas in einer fremden Sprache. Dann ging er zu dem Löwenkäfig und warf das Fleisch durch die Stäbe. Gierig fielen die Raubtiere darüber her.

Die Jungen hatten jetzt keine Lust mehr, hier auf die Bären zu warten. Sie beschlossen, den Tierwagen entgegenzugehen. Caius schlug vor, an der Gladiatorenschule vorbeizugehen. „Auf dem großen Hof kann man oft Kampfschreie hören. Und wenn das Tor offen ist, sehen wir vielleicht ein paar Gladiatoren." Rufus lehnte ab: „Das Tor steht nie offen. Du hattest einmal Glück, als jemand zufällig in die Schule hinein wollte." „Stimmt", gab Caius zu, „mich zieht es trotzdem immer wieder dorthin. Manchmal frage ich mich, was das für Menschen sind, diese Gladiatoren!" „Das sind merkwürdige Burschen, Verrückte", sagte Sixtus. „Früher waren es doch meistens Kriegsgefangene", sagte Marcus. „Einige sollen sogar freie Bürger gewesen sein, die überfallen, geraubt und an Gladiatorenhändler verkauft wurden", wußte Caius zu berichten. „Wenn ich daran denke, daß ich einmal auf einer Reise geraubt werden könnte", fuhr er fort, „ich würde nie mehr mit meinem Vater auch nur eine einzige Reise unternehmen." „Dein Vater hat doch immer Geleitschutz", entgegnete Sixtus.

Marcus fragte, ob es auch freiwillige Gladiatoren gäbe. Keiner wußte so richtig Bescheid. Rufus meinte: „Sicher gibt es mutige Kämpfer, die sich freiwillig melden, um schnell Ruhm und Reichtum zu gewinnen." Sixtus nickte zustimmend und sagte: „Es gibt genug waghalsige Männer, die ihr Leben riskieren, um berühmt zu werden. Doch ich glaube, die meisten Gladiatoren sind Gefangene, Verbrecher, die auf die Todesstrafe warten. Wenn sie im Kampf gewinnen, dürfen sie noch weitere Kämpfe bestehen, bis sie frei sind." „Was selten vorkommt!" ergänzte Rufus, „die Verurteilten, die Diebe, Brandstifter, Mörder, werden mit gefährlichen Tieren so lange in der Arena gelassen, daß sie kaum eine Chance haben, zu gewinnen."

Da fiel Rufus noch etwas ein. Mit einem Blick auf Sixtus und Caius sagte er: „Wißt ihr noch, vor drei oder vier Jahren wollten die Löwen die vielen gefangenen Franken am Ende nicht einmal mehr anrühren, so satt waren sie schon." Die beiden stimmten zu.

Und angewidert fuhr Caius fort: „Scheußlich war das. Kaiser Constantin wollte seine Feinde abschrecken. Hießen die beiden fränkischen Fürsten nicht Eucharius und Merogaius, die damals bei den ersten ‚Fränkischen Spielen' ums Leben kamen?" „Nein, der eine hieß nicht Eucharius, sondern Ascarius." Rufus konnte sich Namen so gut behalten. Marcus beneidete ihn darum. Sixtus wollte noch über Eucharius sprechen. Doch jetzt kam zuerst der Wagen mit den Bären. In der Nähe der Großbaustelle der kaiserlichen Thermen ratterten die Ochsenkarren über das Pflaster. „Zwei Bären mit riesigen Pranken!" rief Caius begeistert. „Sie sind doppelt so groß wie wir", wunderte sich Marcus, „ein Schlag mit der Pfote, und du liegst schon im Sand, so wie Caius eben!" Caius lachte auch. Er war froh, mit heiler Haut davongekommen zu sein.

Die Bauarbeiter hielten einen Augenblick ihre Arbeit an und schauten neugierig auf die vergitterten Tierwagen, die an der Großbaustelle vorbeiratterten. Auch die Jungen betrachteten die vielen Tiere genau: Tiger und Esel, Panther und Löwen, Stiere und Bären. Doch Elefanten waren nicht dabei.

„Habt ihr schon einmal den Kampf zwischen zwei Hähnen gesehen?" fragte Marcus seine Freunde. „Nein!" lachten sie, „so kleine Tiere kämpfen hier nicht in der Arena, man würde sie kaum sehen." Das konnte Marcus verstehen: „Bei uns auf dem Bauernhof, nicht in der Arena, haben wir die Hähne gegeneinander kämpfen lassen. Wir haben sogar darauf gewettet. Ich sage euch, es gab spannende Wettkämpfe darunter!" Der Gedanke, daß auch kleinere Tiere miteinander kämpfen könnten, führte dazu, daß die Jungen noch andere Kampfspiele erfanden und dabei immer ausgefallenere Ideen entwickelten. In Gedanken kämpften bald Hühner gegen Marder, Rehe gegen Ziegen, Füchse gegen Pferde.

Die Sonne stand tief am Horizont, als die Jungen sich verabschiedeten. Der nächste Tag war der Vortag der „Fränkischen Spiele". An diesem Tag wollten Marcus und Rufus beim Schauessen der Gladiatoren auf dem Forum zusehen. Doch noch war es nicht soweit. Jetzt wollten die beiden noch einen Wettlauf nach Hause machen.

Als sie vor dem Haustor ankamen, achteten sie nicht mehr auf den Gewinner, denn vor der Tür stand ein junger Legionär mit Helm und Panzerhemd. Was sollte das bedeuten? Da erkannte Rufus seinen Bruder Mutius. Voller Freude begrüßte er ihn, stellte Marcus vor und wollte wissen: „Was machst du hier in Treveris? Wir dachten, du bist im Kastell Boudobriga (Boppard)?" Mutius entgegnete: „Wir sind mit einer Hundertschaft hier, um für die Sicherheit bei den ‚Fränkischen Spielen' zu sorgen. Drei Tage lang sind wir marschiert durch die dunklen Wälder. Ich habe schon alle im Haus begrüßt, jetzt muß ich leider zu meinen Kameraden. Wir sind in der Nähe des Kaiserpalastes untergebracht." Und zu Marcus gewandt sagte er: „Du kannst gern weiter in meinem Bett schlafen, ich brauche es nicht." Marcus bedankte sich dafür. Rufus war enttäuscht, daß der Bruder schon gehen mußte. So beschlossen die beiden, den Besucher noch ein paar Schritte zu begleiten. Stolz liefen sie neben Mutius her, der große Schritte machte. Mutius erzählte pausenlos und antwortete auf die vielen Fragen, die die beiden ihm stellten. Sie wollten wissen, wie sie sich das Leben in einem Kastell vorzustellen hatten.

Die Verpflegung war bei weitem nicht zu vergleichen mit den Mahlzeiten, die Silvia zubereitete. Die Ausbildung war streng und gründlich. Mutius lernte mit den Waffen umgehen, fechten und geschickt angreifen, aber auch Mauern bauen und Essen kochen.

„Du bist nicht weit von der Grenze zum Germanenreich", sagte Marcus fragend. Mutius antwortete: „Früher gab es einen Grenzwall in unserer Nähe, den Limes. Heute ist der Rhenusfluß die Grenze." Mutius war erstaunt, als Marcus fragte: „Habt ihr auch Schildkröten im Kastell?" Zunächst verstand der Legionär nicht, was Marcus meinte, doch dann mußte er so laut lachen, daß die Jungen zusammenfuhren. „Eine Schildkröte ist kein Tier bei uns, es ist eine Gruppe von Legionären, die sich mit ihren Schilden nach oben und nach den Seiten hin so vollkommen abpanzern, daß die feindlichen Speere abprallen." Marcus war erstaunt. Das war eine großartige Sache. „Wollt ihr noch über zwei andere

,Tiere' hören?" fragte Mutius verschmitzt. Die beiden nickten. „Wir kennen auch noch eine Wurfmaschine, die ,Skorpion' heißt. Mit ihr lassen sich brennende Pechpfeile in hölzerne Befestigungsanlagen schießen." „Und das dritte Tier?" wollten sie wissen. „Das dritte Tier ist der ,Sturmbock!' Mit ihm versuchen die Soldaten, ein Stadttor aufzubrechen."

Mutius hatte keine Zeit mehr. „Wir sehen uns vielleicht noch im Amphitheater", rief er und verließ die beiden.

Am nächsten Tag waren auf dem Forum Tische und Bänke aufgestellt. Hier spendierte der Kaiser den Gladiatoren ein letztes Mahl. Es war reichlich aufgetragen: verschiedene Fleischsorten, Brot, Gemüse und Obst. Auch Wein gab es in Hülle und Fülle. Bei den Gladiatoren gab es sehr unterschiedliche Athleten. Viele sahen muskulös und kräftig aus. Andere machten eher einen schmächtigen und ängstlichen Eindruck. Einer bekam keinen Bissen herunter. Für viele war diese Mahlzeit die letzte ihres Lebens.

Am Tag der Spiele drängte sich eine unermeßlich große Menschenmenge vor den sechs Eingängen zu den Plätzen des Amphitheaters. Bald mußten sie für die Zuschauer geöffnet werden. Marcus und Rufus standen an einem der beiden Westtore. Die Menschen unterhielten sich lautstark, schrien und drängten. Die neuen Gewänder und der Schmuck der Frauen wurden bewundert. Marcus war es einerlei, ob es sich bei dem kostbaren Stein der neuen Ohrgehänge der Frau des Wäschereibesitzers Lopolus um einen Saphir oder einen Smaragd handelte. Er konnte sich die Farben der Steine kaum merken und war froh, daß er Gold und Silber unterscheiden konnte. „Das ist doch nur Glas", sagte Rufus, „ich sehe es genau. Die Steine sind imitiert aus buntem Glas." „Der Ziegeleibesitzer dort trägt einen echten Amethystring, schau, er soll gut sein gegen Trunksucht. Das wäre auch etwas für dich, Marcus. Dann kämst du nicht mehr zu spät zur Schule!" Nun mußte Marcus lachen.

Jetzt drang Marcus ein starker Parfümduft in die Nase. „Oh, Lavendel!" stöhnte Marcus, der von allen Seiten so eng zusammengepreßt wurde wie die Dinkelkörner in der Getreidemühle und die Trauben in der Kelter. Marcus fühlte sich hundeelend.

Doch Rufus merkte nichts, er redete immerfort auf Marcus ein: „Dort neben dem Bierbrauer Trefemus sehe ich Caius." „Caius, Caius", schrie Rufus laut. Marcus wäre zu Boden gesunken, hätte er nicht fest in der Menschenmenge gesteckt.

Endlich wurden die Tore geöffnet. Die Menge strömte durch die dunklen Gewölbe zu den Sitzrängen wieder ins Freie. Alles ging rasch. Marcus wußte nicht, wie er zu den Plätzen hinter der Arenamauer gekommen war. „Kann sich hier jeder setzen, wohin er will?" fragte Marcus. Rufus erhob sich von seinem Platz und zeigte Marcus die Schrift im Stein: „Locus Titi." Hier war der Platz für die Familie des Titus. Daneben waren die Plätze von Caius' Eltern und dahinter die der anderen Familien, die ihre Kinder zu Sophos in die Schule schickten.

Die Reihen füllten sich schnell. Unaufhörlich strömten Menschen in den Zuschauerraum, die Cavea. „Die achtzehntausend Sitzplätze sind heute rasch besetzt!" rief Rufus begeistert. Jetzt kamen auch Sixtus und Caius. „Du bist so blaß, Marcus", sagte Caius besorgt, „du hast Hunger. Laßt uns einen Apfel essen." Er drückte Marcus einen kleinen, roten Apfel in die Hand. Er ließ es sich gut schmecken.

Bauchladenverkäufer hatten heute einen guten Tag. Sie riefen laut aus, was sie verkaufen wollten: „Herrlicher Honigkuchen!" „Ofenfrisches Gebäck!" „Geräucherte Würste!" „Süße Kirschen!" „Äpfel und Pflaumen!" Marcus ging es jetzt tatsächlich besser. Rufus versorgte ihn noch mit Gebäck, das er bei einem Händler hier gekauft hatte. „Wo Antonius nur bleibt?" sagte Marcus. „Wollte er nicht mitkommen?" Rufus schaute zu den Plätzen der Familie des Antonius. Doch dort saß niemand. „Er wird noch kommen", beruhigte Caius die anderen. Und Sixtus meinte: „Ich glaube, Antonius kommt auch heute nicht!" „Stimmt", rief Caius, „beim letztenmal war er auch nicht bei den Spielen, und vorgestern kam er nicht ins Amphitheater." „Wollte er nicht zum Fischen?" fragte Rufus die anderen. „Ich habe ihn schon im Fluß fischen sehen, das kann doch sein!" fügte er hinzu. „Trotzdem ist es merkwürdig, daß Antonius immer dann fischen muß, wenn wir ins Amphitheater gehen", warf Sixtus ein. Alle fanden, daß Anto-

nius sich sehr verändert hatte in der letzten Zeit. „Benutzen nicht
die Christen das Zeichen des Fisches?" fuhr es plötzlich aus
Sixtus heraus. „Vielleicht ist Antonius Christ und will es nicht
sagen!"

Eben kamen Antonius' Eltern auf ihre Plätze, nur er selbst war
nicht dabei. Was hatte das zu bedeuten? „Sollen wir den Vater
fragen?" schlug Caius vor. Doch Sixtus wehrte ab: „Wer weiß,
sicher ist es den Eltern gar nicht recht, wenn ihr Sohn Christ ist!"
Caius sagte mit vollem Mund: „Das glaube ich auch. Die Christen
sollen doch ihr Hab und Gut den Armen schenken. Das wird
Antonius' Vater nicht recht sein." „Es ist noch nicht lange her, da
wurden hier in diesem Amphitheater Christen den Löwen vorgeworfen, wie überall im römischen Reich", sprach Sixtus ernst.
Und Rufus nickte: „Unser Kaiser schont die Christen wie sein
Vater Constantius Chlorus. Seine Mutter, die Kaiserin Helena,
soll selbst Christin sein, hat mein Vater gesagt." „Es gibt schon
mehrere Treffpunkte für Christen in Treveris", bestätigte Sixtus.
„Es gibt auch eine Gruppe hier, die sich im Tempelbezirk trifft,
um dem Gott Mithras zu opfern", wußte Rufus. „Das ist etwas
anderes", fiel Caius ein, „die Christen sagen, es gäbe nur einen
einzigen Gott. Sie opfern nicht einmal mehr dem Kaiser. Deshalb
leben sie gefährlich." Sixtus fiel noch etwas ein: „Meine Großmutter hat mir erzählt, daß eine ganze Legion, also sechstausend
Mann, hier in Treveris auf dem Marsfeld hinter der Porta Martis
enthauptet worden sein soll. Sie hatten sich angeblich geweigert,
dem Standbild des Kaisers und dem Bild des Kriegsgottes Mars
zu opfern. Auf Befehl des Statthalters Rictius Varus soll die
thebäische Legion getötet worden sein. Die Leichen habe man in
die Mosella geworfen. Der Fluß soll blutig gewesen sein bis zum
Kastell Noviomagus (Neumagen)."

Alle schwiegen betroffen. Konnte man das glauben? Daß es
den Christen im Römerreich, zuletzt unter dem Kaiser Diocletian,
schlecht ergangen war, wußten alle. Aber daß Antonius sich seinen eigenen Freunden nicht anvertraute, kränkte sie alle. Oder
was war mit ihm los? Zum Schluß dachte Marcus: „Ich möchte

mehr von diesem Christus wissen, der so viele Freunde überall gewinnt, ich werde Antonius einmal fragen."

Die Tiere hinter den Gitterstäben in der Arenamauer brüllten gierig. In der Mitte der Arena, auf der versenkbaren Bühne, lagen viele Waffen in einer Reihe. „Schau", rief Sixtus, „die Schwerter, Dolche und Lanzen der Gladiatoren."

Im gleichen Augenblick traten einige Männer zu den Waffen und begannen sie zu prüfen. Einige Athleten rieben sich gegenseitig mit Öl ein, damit der Gegner beim Ringkampf abrutschen mußte. „Ein Glück, daß die Holzpalisaden nicht höher sind, sonst wäre uns der Blick verstellt", sagte Marcus. Zum Schutz vor den wilden Tieren hatten die Arbeiter dicht an der Arenamauer entlang einen Zaun errichtet. „Hoffentlich ist er hoch genug!" stichelte Caius. „Wann geht es los?" wollte Marcus wissen. Er schaute sich um. Die XXVI (26) Reihen auf den drei Rängen waren lückenlos besetzt. Nein, eine Stelle war noch frei, da unten zwischen den beiden kleineren Eingängen. „Die besten Plätze sind noch frei", sagte Marcus und schüttelte den Kopf. Er fand das merkwürdig. Rufus hatte eine Erklärung: „Das ist die Loge für die Kaiserfamilie, für seinen Hofstaat, seine Freunde und Gäste aus anderen Provinzen."

Noch während die Jungen zur Kaiserloge hinabschauten, erschienen hoch oben an der Stadtmauer fünf, sechs, sieben, nein zwölf Musikanten. Sie setzten lange, goldglänzende Posaunen, an denen die Fahnen des Kaisers wehten, an den Mund. Die schrillen Fanfarentöne brachten die unruhige Menschenmenge schnell zum Schweigen. Jetzt kam der Moment, wo der Kaiser mit seinem Gefolge die Tribüne betrat. Das Volk klatschte Beifall. Der Herrscher streckte die Hand zum Gruß weit vor und nahm die Ehrerbietung der Menge entgegen: „Heil! Heil dir, Imperator!"

Rufus schaute sich immer wieder um, ob er nicht doch noch seinen Bruder Mutius finden konnte. Überall standen kaiserliche Leibgardisten und Soldaten mit Lanzen und Schilden. Aber Mutius war nicht zu erkennen. Die Frauen und Mädchen winkten mit ihren Blumensträußen. Fedula und Cornelia waren auch dabei. Alle erwarteten den feierlichen Einmarsch der Gladiatoren. Unter den Klängen der Trompeten, Tuben und Pauken schritten sie jetzt in einem langen Zug in die Arena hinein. Die Gladiatoren trugen ihre purpurroten Kriegermäntel. Der Zug drehte eine Ehrenrunde und stellte sich vor der Kaiserloge genau vor Marcus und seinen Freunden auf. Das Volk verstummte augenblicklich. Die Kämpfer riefen im Chor dem Kaiser entgegen: „Ave imperator, morituri te salutant!" „Heil dir, Imperator, die Todgeweihten grüßen dich!" Noch einmal ertönten die Fanfaren, und der Kaiser gab das Zeichen zum Beginn der Spiele.

Die Spiele wurden eingeleitet mit der Venatio, der Tierhatz, bei der die Tiere gehetzt und gejagt wurden. Mehrere Gladiatoren traten mit Peitschen und Speeren bewaffnet in die Arena. Dann wurden zwei Gittertüren geöffnet. Ein Eselhengst und ein Tigerweibchen betraten den Platz. Die Männer versuchten, die Tiere aufeinanderzuhetzen. Zuerst wollte es nicht gelingen. Die Menge wurde schon unruhig. Sie verlangte nach einer Sensation. Doch dann wurde der Tiger wild und stürzte sich auf den Esel. Bald strömte Blut aus dem Rücken des Esels, der kurz darauf den Kampf aufgab und sich hinstreckte.

Ausschnitte aus dem Arenamosaik von Nennig: links Tiger und Esel, rechts Bärenhatz

110

Die Arena wurde rasch mit frischem Sand bestreut, die Tiere wurden weggeschleppt. Dann traten behäbig zwei Stiere in die Arena. Mit roten Tüchern wurden sie gereizt und zum Angriff herausgefordert. Die Zuschauer tobten vor Begeisterung, als der eine Stier einen Mann auf die Hörner nahm und ihn abwarf. Der Kämpfer blieb wie tot liegen. Unverzüglich wurde er weggeschafft. Jetzt griffen sich die Stiere gegenseitig an.

Als nächstes kam der Kampf der Bären. Diese gewaltigen Tiere liefen erstaunlich leicht über den Sand und schlugen immer wieder mit ihren schweren Pranken in die Luft. Drei Kämpfer in roten, blauen und gelben Anzügen schlugen mit langen Lederriemen auf die Bären ein. Die Tiere wurden wild und setzten immer häufiger zum Angriff an. Oft konnten die Gladiatoren die Angriffe mit ihren gepanzerten linken Armen abwehren. Doch die scharfen Krallen der Bären schlugen immer wieder erbarmungslos zu.

Da lag plötzlich der blaue Kämpfer im Sand. Der Bär brüllte und erdrückte ihn unter seiner Last. Schnell versuchten die beiden anderen Kämpfer, sich den letzten Bären vom Leib zu halten, sie schlugen mit ihren Peitschen um sich. Auf einmal streckte der

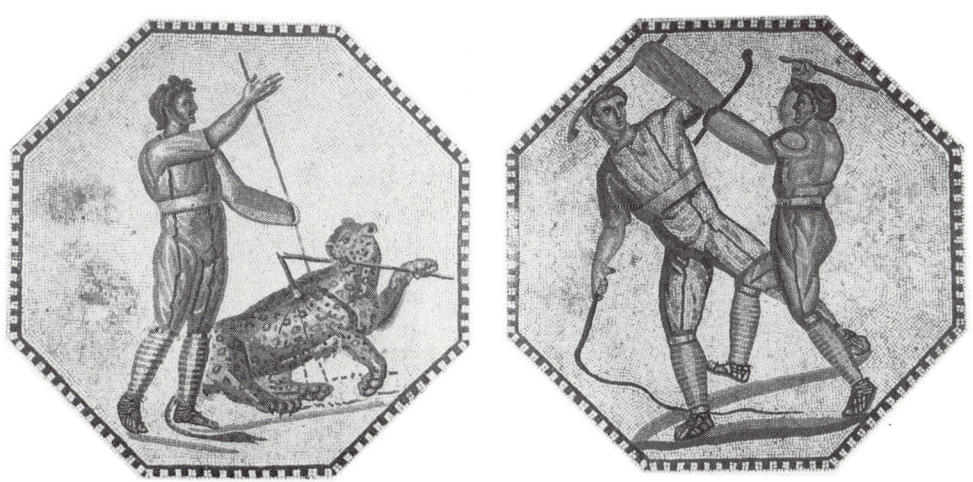

Ausschnitte aus dem Arenamosaik von Nennig: links gespeerter Panther, rechts Peitschenkämpfer

rot gekleidete Kämpfer den Bären durch einen kräftigen Schlag mit der Faust nieder. Die Bären waren besiegt. Bis zum nächsten Kampf wurden die Zuschauer durch herrliche Musik unterhalten. Eine Wasserorgel wurde von einem festlich gekleideten Mann gespielt, der von einem Hornbläser begleitet wurde. Im weiten Rund des Amphitheaters hallten die wunderbaren Klänge wider.

In der Zwischenzeit war die Hebebühne gesenkt worden. Im Keller wurde rasch gearbeitet. Denn bald schon erschien der Boden wieder an der Oberfläche. Was war da aufgebaut worden? Eine hügelige Landschaft erschien, mit Bäumen, Gras und einer Höhle. Die Zuschauer klatschten vor Begeisterung. Jetzt betraten einige Löwen sowie ein Panther das Feld. Sie schnupperten zuerst an den Steinen, wühlten ein wenig in der aufgeschütteten Erde. Dann entdeckten sie die Jäger, die Speere bei sich trugen. Eine wilde Jagd begann, bei der die Tiere wenig Chancen hatten. Der Panther wurde schließlich von einem Pfeil getroffen. Das Tier wehrte sich, wälzte sich im Gras und brach dabei den Pfeil ab. Blut strömte aus der Wunde. Der Sieger schaute sich beifallheischend um, der Applaus war mäßig. Die Löwen hatten Hunger. Sie brüllten laut und stürzten sich auf die Krieger. Ein Gladiator wurde erfaßt und in die Höhle gezerrt. Die Zuschauer auf der anderen Seite bedauerten, daß sie nicht genug sehen konnten. Schließlich wurde die Bühne wieder heruntergelassen und abgeräumt. Wieder spielten Musikanten in der Umbaupause. Diesmal kamen zu den ersten Spielern noch einige Trompeter hinzu.

Ausschnitt aus dem Arenamosaik von Nennig: Musikanten

Nun stand der Kampf Gladiator gegen Gladiator auf dem Spielplan, der Höhepunkt der blutigen Spiele. Unter tosendem Beifall betraten zwei Athleten mit geschwellter Brust den Sand. „Endlich ein Kampf von Mann zu Mann", rief Rufus erwartungsvoll. „Der eine mit dem Netz und dem bandagierten linken Arm ist der Retiarius, auch ‚Fischer' genannt. Er hat einen langen Dreizackspeer und kämpft mit freiem Oberkörper. Seine Lenden sind mit einem blauen Schurz bedeckt." Rufus erklärte weiter: „Sein Gegner ist schwer bewaffnet und gut geschützt durch Bandagen am rechten Arm und am linken Bein. Er trägt einen Helm mit einem Kamm, der wie ein Fisch aussieht. Außerdem kann er sich hinter dem Langschild verbergen. Wir nennen diesen Kämpfer den ‚Fisch'." Marcus staunte. Hatte er das Gesicht am Vorabend nicht genau gesehen? Aber Rufus wehrte ab: „Wie willst du das erkennen unter dem Helm, der fast den ganzen Kopf bedeckt und nur die Augen freiläßt?" „Warum fangen sie nicht an?" fragte Marcus. Doch dann sah er einen Kampfrichter in einer weißen Tunika mit zwei blauen Streifen herantreten. Jetzt erst konnte der Kampf beginnen.

Der Kampf zwischen „Fischer" und „Fisch" hatte begonnen. „Ich wette um einen Denar, daß der ‚Fisch' gewinnt. Schlag ein, Marcus!" sagte Rufus und streckte dem Freund die Hand hin. „Du bist schlau. Der ‚Fisch' ist besser gewappnet. Wie soll der ‚Fischer' ihn treffen?" Doch Rufus erwiderte: „Wenn der ‚Fischer' flinker und geschickter ist, da er leichter bekleidet ist, kann er das zu seinem Vorteil nützen." „Wir wollen sehen", sagte Marcus herausfordernd und schlug ein. Der „Fisch" griff zuerst an, die geschützte Schulter nach vorn. Schnell wich der „Fischer" aus und sprang rasch zur Seite. Jetzt versuchte er, sein Netz zum ersten Mal über den Gegner zu werfen. Doch es verfehlte knapp sein Ziel und blieb auf dem Boden liegen. Der „Fisch" sprang jetzt in einem weiten Ausfallschritt mit dem linken bandagierten Bein und stieß mit dem Dolch dem nackten Oberkörper des „Fischers" entgegen. Während dieser sich weit zurückbeugte, streckte er die lange Harpune mit den drei scharfen Zacken dem Gegner entgegen.

Ausschnitt aus dem Arenamosaik von Nennig: Gladiatorenkampf zwischen Schwerbewaff-netem (secutor) und Netzfechter (retiarius) mit Schiedsrichter

So kämpften beide verbissen und drängten sich gegenseitig vor und zurück. Die Menge tobte vor Vergnügen. Jetzt hatte der „Fischer" sogar sein Netz wiedergewonnen. Das gelingt nur selten. Ohne Netz ist der „Fischer" dem gut bewaffneten „Fisch" unterlegen. Aber nun hatte sich die Lage geändert. Im nächsten Moment war der „Fisch" unter den Maschen gefangen. Er versuchte

114

verzweifelt, sich mit seinem kurzen Dolch aus der hoffnungslosen Lage zu befreien. Da blitzte der Dreizack auch schon über ihm in der Sonne. Er prallte am Schild des „Fisches" ab – nein, er hatte sich verfangen.

Lautes Zurufen stachelte die Kämpfer an, die beide verzweifelt stritten. Wer würde sich zuerst befreien? Unglaublich! Der „Fischer" sprang mit dem rechten Bein gegen den Schild des „Fisches" und riß mit einem einzigen Ruck die Harpune heraus. Er torkelte weit nach hinten.

In diesem Moment hatte der „Fisch" endlich das starke Netz mit dem Dolch durchtrennt, doch noch nicht von sich geworfen. Tosender Beifall begleitete die Männer. Welch ein Kampf! Es war immer noch nicht zu erkennen, wer den Kampf für sich entscheiden würde. Wenn der „Fisch" nicht zum Stolpern kam, hatte er gute Chancen.

Verbissen trieben sich die Gladiatoren durch die Arena. Keiner ließ den anderen aus den Augen. Doch dann geschah plötzlich das Verhängnisvolle: Das Netz geriet zwischen die Beine des „Fisches", der beim Zurückweichen strauchelte. Der Gegner erkannte die einmalige Gelegenheit und stieß zu. Der „Fisch" taumelte, verlor das Gleichgewicht und fiel zu Boden. Dabei flog sein Dolch weit weg. Das war das Ende! Der Kampf war entschieden. Ja, der Kampfrichter hob die rechte Hand.

Breitbeinig stand der Sieger in stolzer Pose über dem Besiegten, den Dreizack hoch über dem Opfer. Er war bereit, im nächsten Augenblick zuzustoßen. Doch dazu bedurfte es der Zustimmung des Kaisers, der sich meistens nach dem Wunsch der Zuschauer richtete. Von den Rängen wurden die Stimmen lauter und lauter: „Töte ihn!" brüllten die einen. „Laß ihn!" die anderen. Viele schwenkten weiße Tücher.

Das Volk erhob sich von den Plätzen, und in aufsteigenden Sprechchören versuchten die Massen, das Urteil des Kaisers zu beeinflussen. Der Kaiser blickte sich in der Runde um und ließ sich Zeit. Marcus fand, daß der „Fisch" zu tapfer gekämpft hatte, als daß er nun den Tod erleiden sollte. Alle blickten gebannt auf

Gladiatorenmosaik aus Bad Kreuznach mit Tierjagd im Mittelfeld und dem Arenaprogramm in den Bildfeldern ringsum

116

den Daumen des Herrschers. Würde dieser nach unten zeigen, so bedeutete das Töten!

Endlich! Der Daumen zeigte nach oben. Leben! Marcus atmete auf. Ihm fiel ein Stein vom Herzen. Die Menge klatschte Beifall. „Für einen Feigling hat man nur einen letzten Lanzenstich übrig", sagte Sixtus anerkennend, „aber dieser Mann hat hart gekämpft."

Unter den Begeisterungsschreien der aufgeregten Menge wurde der Sieger belohnt. Er erhielt die Siegespalme und den Siegerpreis auf einem goldenen Tablett. „Was liegt darauf?" wollte Caius wissen. Sie konnten es aus der Entfernung nicht genau erkennen. Jedenfalls glitzerte es in der Sonne. „Vielleicht sind es Goldstücke oder Edelsteine, oder beides", meinte Rufus. „Seht ihr den Stab und das hölzerne Schwert auf dem Tablett?" fragte Sixtus und lehnte sich weit vor, um besser sehen zu können. Nein, beides war nicht dabei. Das bedeutete, daß der Gladiator diesmal noch nicht die Freiheit errungen hatte. Der Verlierer war mit ein paar Hautabschürfungen und dem Leben davongekommen. Für dieses Mal! Marcus hatte gewonnen, und Rufus hatte einen Denar eingebüßt.

Achtes Kapitel
„Auf Falschmünzerei steht die Todesstrafe!"
Ein Prozeß in der Palastaula

An der Nachrichtentafel des Forums drängten sich die Leute um den Stadtschreiber Livius. Er schrieb täglich die neuesten Bekanntmachungen an die große Tafel. Heute schien man auf eine besondere Nachricht zu warten. Tatsächlich! Jetzt konnte Marcus es auch erkennen:

Morgen war Gerichtstag, und zwar wegen des schlechten Wetters nicht auf dem Forum, sondern in der neuen Aula Palatina, der Empfangshalle des Kaisers. In einer langen Liste schrieb Livius die Namen aller Leute auf, denen der Prozeß gemacht und deren Streitfälle geklärt werden sollten. Marcus und Rufus interessierten sich besonders für zwei Namen: Meropius und Felix!

Meropius betrieb seit Jahren eine Geldwechselstube in der Nähe der Porta Martis. Viele Kaufleute und Händler brachten ihr Geld dorthin und bekamen dafür Zinsen. Und viele Leute kamen sich dort Geld leihen und bezahlten dafür hohe Zinsen. So war Meropius sehr schnell reich geworden, aber auch unbeliebt. Seine Zinsen wurden immer höher. So brachte er manchen Gläubiger erbarmungslos an den Bettelstab. Doch das war nicht strafbar.

Nun tauchten seit ein paar Monaten überall in der Stadt und in der umliegenden Umgebung bei Pachtzahlungen auf dem Lande merkwürdige neue Münzen auf. Sie trugen das Zeichen der Münzprägestätte von Treveris TR und das Bildnis des Kaisers. Ihr Silber hatte auch das gleiche Gewicht, aber nicht den gleichen Glanz. Geldfälscher waren am Werk. Sie wurden bald gesucht von den Polizeibeamten, den Aedilen. Und endlich war Meropius mit seinem Gehilfen Felix gefaßt worden.

Daran war Marcus nicht ganz unschuldig.

Onkel Titus hatte ihm zu seinem Geburtstag einen Silberdenar in die Hand gedrückt. „Dafür kannst du dir ein Griffeletui kaufen oder ein eigenes Tintenfaß mit Schreibfeder. Du willst doch deiner Mutter öfters schreiben." Aber Marcus wollte noch überlegen, wie er die Münze verwenden würde. Voller Freude war Marcus zu Rufus gelaufen und hatte ihm sein Geschenk gezeigt. Daraufhin hatte Rufus ein Holzkästchen aus der Truhe geholt, in dem er einige Münzen gesammelt hatte: Sesterzen, kleine Asse, ein paar Goldmünzen und Silber- und Bronzemünzen. Die Köpfe von Diocletianus, Maximinianus, Severus, Constantius und von Kaiser Constantin waren darauf abgebildet.

Im Gespräch verglichen die Jungen die Münzen, schauten sie ganz genau an und stellten plötzlich einen merkwürdigen Unterschied zu der geschenkten Münze fest, der auch durch starkes Reiben nicht verschwand. „Das müssen wir Vater zeigen", sagte Rufus. Onkel Titus fiel im ersten Moment nichts auf. Erst als er die anderen Münzen daneben betrachtete, wurde auch er nachdenklich. „Merkwürdig!" sagte er und eilte mit Marcus' Geschenk aus dem Haus.

Wenige Tage danach tauchten überall in der Stadt diese Münzen in großen Mengen auf. Auch in die Kanzlei des Titus brachten die Steuerbeamten Säckchen voll mit falschen Münzen und schütteten sie auf dem Zahltisch aus. Man ging der Sache nach und

Szene einer Geldzahlung von einem Grabmal aus Neumagen

prüfte das Silber. Bald stellte sich heraus: Die Münzen waren gefälscht! Das Silber war mit billigem Blei angereichert worden, so daß teures Silber gespart und in die Tasche des Geldfälschers geflossen war.

Große Besorgnis ergriff nun auch Servatus, der plötzlich um sein hart verdientes Geld bangen mußte. Er hatte in Treveris bereits ein schönes Sümmchen verdient und zum Geldwechsler Meropius gebracht, um Zinsen zu bekommen. Wollte er doch für ein kleines Landhaus sparen. Doch als die Falschmünzen auftauchten, wurde er sehr besorgt. „Was soll ich nur tun", fragte er seinen Schwager. Die beiden besprachen die Angelegenheit ausgiebig. Dann stand der Entschluß fest: „Die Münzen müssen so schnell wie möglich geholt werden. In der großen Truhe im Atrium kommt alles sicher hinter Schloß und Riegel", sagte Onkel Titus. So ging Servatus zu Meropius und verlangte sein gesamtes Guthaben auf der Stelle zurück. Meropius versprach, es bis zum Abend bereitzustellen. „Ich kann es jetzt nicht so rasch abzählen", sagte er. Servatus blieb keine andere Wahl, als zu warten. Unruhig lief er im Atrium und im Peristyl hin und her. Dabei flüsterte er immer wieder vor sich hin: „Wenn es nur nicht zu spät ist!"

Priscus und Iucundus wurden in der Dämmerung zu Meropius geschickt. Marcus und Rufus ließen nicht locker, bis auch sie mitlaufen durften. Über den Cardo maximus eilten die vier zur Geldwechselstube. Sie betraten den Laden. Er war leer. Sie warteten einen Augenblick und schauten sich um. Hier sah es hinter der Theke eher wie bei einem Buchhändler aus. In Schränken wurden unzählige kleine Rollen und Stapel von Wachstafelbündeln aufbewahrt.

Jetzt hörten sie im Hintergrund Stimmen aus dem Keller, zu dem sie eine kleine Treppe entdeckten. Priscus schlich sich näher und schaute hinunter. „Kannst du etwas verstehen?" flüsterte Marcus. „Psst!" Priscus wollte zuhören. Er winkte alle leise heran. Was sie dort sahen, ließ ihnen das Blut in den Adern stocken.

Meropius und sein Gehilfe Felix füllten eilig Säckchen mit Silberstücken und stellten sie auf den Tisch nebeneinander. Sie hatten schon viele Säckchen gefüllt und merkten nicht, daß sie beobachtet wurden. Jetzt konnten die Besucher verstehen, was die beiden sprachen.

Felix sagte zu seinem Herrn: „Und ich sage dir, daß er nichts gemerkt hat." „Du Grünschnabel", entgegnete Meropius ungehalten, „meine Nase betrügt mich nicht. Dieser Servatus wohnt auch noch bei Titus. Vergiß das nicht! Wenn ich das gewußt hätte! Der hat doch Beziehungen zu allen hohen Beamten in der Stadt, auch zum Chef der Polizei!" „Besser ist es", sagte Felix, „wenn wir noch heute die Gußformen in den Fluß werfen und die Werkstatt verschwinden lassen." „Und das Geld verstecken wir an einem sicheren Ort. Was nützt uns das schöne Geld, wenn wir den Löwen im Amphitheater vorgeworfen werden?" „Sei ruhig", jammerte Felix, „warum haben wir das nicht früher überlegt?" „Nun vergiß nicht, die Säckchen zu füllen, Servatus muß jeden Moment seinen Diener schicken. Es ist ein Jammer, daß wir Servatus kein Falschgeld andrehen können", sagte Meropius und schwieg.

Für Marcus und seine Begleiter war es jetzt Zeit zu verschwinden. Schritte näherten sich auf der Treppe. Die vier liefen lautlos aus dem Haus und traten kurz danach erneut in den Laden. Hoffentlich hatte Meropius nichts gemerkt! Priscus kontrollierte die drei Säckchen, die Meropius ihm gab. Iucundus war plötzlich nicht mehr da. Wo war er geblieben? Priscus mußte noch eine Quittung unterschreiben, dann verließen sie, jeder mit einem schweren Geldsack bepackt, den Laden.

Wenige Augenblicke später waren Polizisten im Laden des Meropius und beschlagnahmten alles: das Geld, die Fälscherwerkstatt, die Kontorbücher, Silber und Blei. Felix hatte sich mit den Gußformen noch schnell aus dem Haus gemacht. Er wurde aber gefaßt, als er sie von der Brücke in den Fluß werfen wollte. Unter seinem langen Kapuzenmantel hatte er sie aus der Stadt geschafft.

So war Servatus der letzte, der sein Geld nicht verloren hatte. Alles andere wurde in die Staatskasse geworfen. So waren die Sparer um ihr Geld betrogen! Und morgen sollte nun der Prozeß stattfinden. Jeder wollte dabeisein. Das konnten Marcus und Rufus deutlich hören, als sie auf dem Forum beim Nachrichtenschreiber Livius standen. Meropius und seine Geldfälscherei waren Tagesgespräch! Der Weber Comitius sagte aufgeregt zum Knochenflicker Piso: „Nur die Höchststrafe haben die beiden Halunken verdient." Der Gerber Gerontius schrie laut und fuchtelte mit den Armen: „An den Bettelstab bringt mich dieser Kerl!"

Auch an den zahlreichen Brunnen der Stadt gab es nur ein Gesprächsthema. So war es auch an den Ladentheken, in den Kneipen und in den Thermen. Als Marcus und Rufus jetzt nach Hause liefen, hatten sie eine Neuigkeit zu verkünden: „Morgen ist der Prozeß gegen Meropius und Felix." Priscus und Iucundus sollten im Prozeß als Zeugen gehört werden.

Vor der neuen Aula Palatina drängte sich die Menge auf dem großen Vorplatz, der von langen Säulenhallen umgeben war. Marcus war noch niemals in diesem Gebäude gewesen, das jetzt gewaltig vor ihm aufragte. Die Repräsentationshalle des Kaisers war die größte und schönste Halle im Römerreich. Seine Macht sollte von hier auf das ganze Reich ausstrahlen.

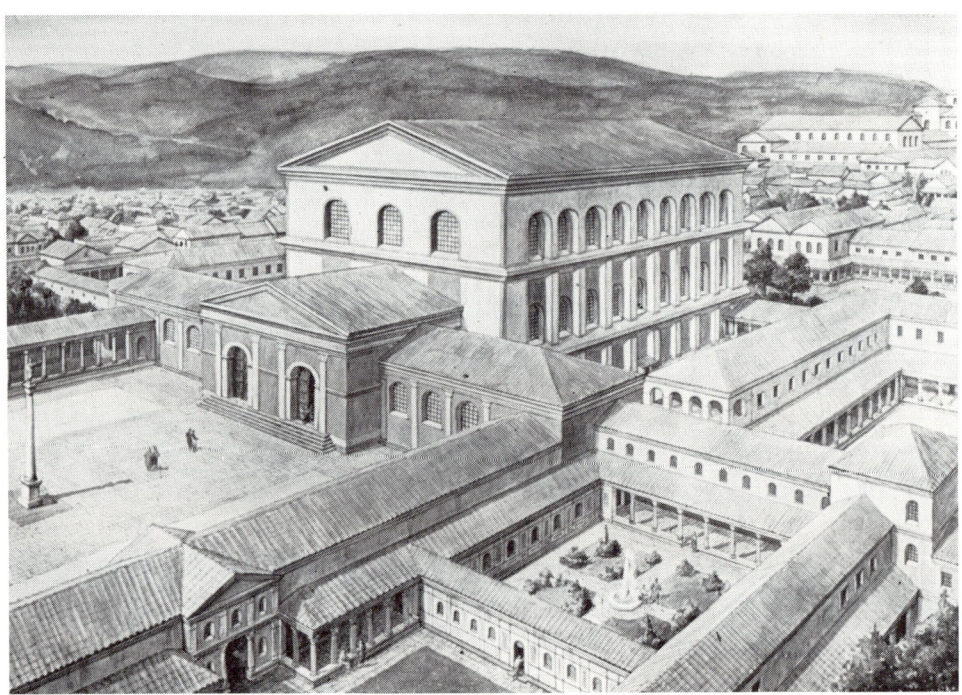

Die konstantinische Palastaula (Rekonstruktion)

Jetzt strömte die Menge durch die Vorhalle und dann in die riesige Halle. Beim Eintreten verstummte Marcus ebenso wie alle anderen Leute. Wie klein kam er sich hier vor. Wie weit erschien Marcus der Weg nach vorn in die Apsis, dem halbrunden Vorbau mit dem erhöhten Thron und den vielen Nischen.

Rufus konnte sich noch an den Bau dieser Anlage erinnern. Sie war erst vor ein paar Monaten fertiggestellt worden. Die Freunde hatten sich oft auf der Baustelle herumgetrieben. „Vierundvierzig Doppelschritte ist sie lang", sagte Rufus, „wir haben genau gemessen. Und breit ist sie achtzehn Doppelschritte (67 m lang und 27 m breit)." „Die Wand dort ist neun Fuß dick, so breit wie unser Zimmer", rief Rufus und zeigte auf eine der gewaltigen Außenwände (9 Fuß = 2,70 m). Marcus staunte. Das war die dickste Wand, die er je gesehen hatte. Doch Rufus brachte ihn noch mehr

Münzporträt des Kaisers Konstantin

zum Staunen: „Diese gesamte Fußbodenfläche ruht auf vielen, auf Hunderten von Ziegelsäulchen, so daß der Fußboden beheizt werden kann. So kann die Halle auch in der kalten Jahreszeit genutzt werden. Auch die Wände werden warm", erklärte Rufus. Die Feuerstellen, die Präfurnien, lagen außen an beiden Seiten der Halle. Marcus hatte sie schon gesehen. Er konnte den Blick nicht von den vielen Farben und Mustern der Mosaiken und Marmorplatten wenden.

Plötzlich erschrak Marcus. Fanfaren kündeten den obersten Richter an. Wo war er? Die Jungen schauten zur Apsis. Dort standen die Leibgardisten mit ihren Lanzen bereit. Von rechts kam er aus einer Tür und schritt auf seinen Thron zu, der göttliche Constantin, von dem man behauptete, daß er der gütigste und der grausamste Herrscher in einer Person sei. Parontius, der dicke Schmied, versperrte jetzt den beiden Jungen die Sicht nach vorne. Dicht gedrängt standen die Menschen in der Palastaula. So blieb Marcus nur noch der Blick zur Kassettenholzdecke. Er hätte lieber gesehen, was sich da vorne abspielte, doch da war kein Durchkommen. Rufus sagte enttäuscht: „Hier müßte es auch feste Plätze wie im Amphitheater und im Circus geben!"

So hörten sie nur die Anklage des Advokaten und die Beweisführung der Sachverständigen. Priscus und Iucundus wurden nicht mehr gebraucht. Alles lag klar auf der Hand. Der Kaiser sprach schnell das Urteil: „Auf Falschmünzerei steht die Todesstrafe!" Die Menge war zufrieden. Ein gerechtes Urteil!

Marcus stellte sich vor, wie man Meropius und seinen Diener Felix den Tieren vorwarf. „Wenn sie im Arenakeller sitzen", meinte Rufus, „schreiben sie sicher noch auf ein Verfluchungstäfelchen aus Blei den Namen Servatus und malen viele magische Zeichen dazu." Als Marcus nach dem Prozeß mit Rufus zum Forum schlenderte, wehte der Wind die ersten Herbstblätter auf die Straße. „Jetzt sind es schon sechs Monate her, seit ich nach Treveris gekommen bin, Rufus." „Ja", sagte Rufus, „es war im Monat des Mars." „Und jetzt hat schon der neunte Monat, der September, begonnen." „Wir waren in tagelanger Fahrt von Colonia Ulpia Traiana endlich in die bedeutendste Stadt nördlich der Alpen gekommen, nach Treveris, meiner neuen Heimat. Ich freue mich schon so darauf, wenn unsere Familie wieder zusammen ist. Mutter wird bald mit den beiden Schwestern Amanda und Martiola kommen. Wenn ich daran denke, daß um ein Haar alles anders hätte kommen können!" Rufus meinte: „Gut, daß mein Vater dir eine falsche Silbermünze geschenkt hat!" „Ja, und daß wir beide zusammenbleiben können!" sagte Marcus. Rufus nickte froh. Dann rannten sie schnell zum Forum.

124

Neuntes Kapitel

„Komm mit zum Treffpunkt der Christen!"
In der Euchariusgruft

Rufus stöhnte vor Schmerzen. Er warf sich von einer Seite zur anderen. Die Wolldecke zog er zitternd über sich, um sie im nächsten Moment wieder von sich zu schieben. Rufus' Stirn war heiß.

Tante Livia, Claudia, Suricula und Marcus standen verzweifelt an Rufus' Bett. Alle schauten besorgt und hilflos. Was konnten sie noch tun? Die kalten Wickel um die Waden, die Suricula stündlich erneuerte, brachten keine Besserung. Priscus und Iucundus hatten schon verschiedene Heilkräuter zusammengestellt. Nichts hatte gewirkt. Am Ende war die Krankheit noch schlimmer geworden. Rufus war nicht mehr ansprechbar. Wenn man ihn beim Namen rief, reagierte er nicht. Tante Livia kämpfte mit den Tränen. Auch Claudia wischte sich mit einer Serviette die Augen. Alle hatten die schlimmsten Befürchtungen. Sie dachten an Martina, das Kind der Nachbarn. Martina war vor ein paar Wochen an einem Fieber gestorben. Tante Livia sank vor Kummer auf den Schemel, und Marcus ließ sich auf sein Bett nieder. „Wir müssen alles tun, um Rufus zu retten", schluchzte Livia, „die Götter werden uns dabei helfen!"

Mit diesen Worten verließ sie den Raum. Marcus war verzweifelt. Er warf sich auf sein Bett und vergrub das Gesicht in den Decken. Er wollte sich einfach nicht vorstellen, daß Rufus nicht mehr gesund werden könnte.

Er wußte nicht, wie lange er so gelegen hatte. Als er sich wieder erhob, war er mit Rufus allein. Dieser atmete laut. Die Sonne schien durch das kleine Glasfenster und tauchte den Raum in ein friedliches Licht. Marcus strich Rufus über die heiße Stirn. Da klopfte es.

Eusebios trat mit Onkel Titus und den anderen ein. Er war ein bekannter Arzt hier in Treveris. Die Heilkunst hatte er in Griechenland erlernt. Eusebios legte seinen weiten Mantel ab und stellte seinen Medikamentenkasten auf den Schemel. Onkel Titus, Tante Livia, Claudia, Suricula und Marcus standen schweigend am Krankenbett und schauten Eusebios zu. Mit langen Löffelson-

Medizinkästchen aus Bronzeblech mit geöffnetem Deckel und geöffneten Fächern

den untersuchte er Rufus' Ohren, Hals und Zunge. Hin und wieder strich er sich durch seinen dichten Bart. Dann bat er um warmes Wasser, reinigte damit seine Geräte und nahm einen Reibstein heraus. Darauf rieb er etwas Hartes zu Pulver und schob es Rufus mit einem Löffel in den Mund. Rufus merkte nichts von alledem. Er stöhnte manchmal und murmelte ein paar unverständliche Worte. Endlich schrieb Eusebios ein Rezept, drückte seinen Stempel darauf und reichte es Onkel Titus mit den Worten: „Jede Stunde, auch in der Nacht, muß dem jungen Herrn ein kleines Löffelchen von diesem Pulver auf die Zunge geschoben werden. Morgen komme ich wieder vorbei." Weiter sagte der Arzt nichts. Dann ging er wieder.

Kosmetikgerät: Salbenkästchen, Büchschen aus Bein, Parfümfläschchen, Salbenreibstein, Löffelchen und Pinzette

Im Atrium traf Marcus auf Priscus, der sich nach Rufus erkundigen wollte. „Kannst du Rufus nicht helfen, Priscus", flehte Marcus den väterlichen Freund an. Doch dieser schüttelte bedrückt den Kopf und meinte: „Ich habe schon alles versucht, jetzt können nur noch die Götter helfen!" Marcus dachte daran, daß Tante Livia vorhin gesagt hatte, „dabei werden uns die Götter helfen". Nun wußte Marcus, was zu tun war: Die Götter mußte er anflehen.

Er erinnerte sich, daß im westlichen Tempelbereich, auf der anderen Seite der Mosella, die Heil- und Quellgöttinnen, die Xulsigien, besonders bei Kinderkrankheiten angerufen wurden. „Sie haben schon oft geholfen", hatte Suricula noch gestern gesagt. „Es ist höchste Zeit, dort ein Opfer hinzubringen", dachte Marcus und zählte seine Münzen. Er wollte etwas kaufen, was er opfern konnte, vielleicht auch ein Geschenk für Rufus, um ihm zu

helfen. Marcus fühlte sich ohne Rufus allein. Er ging die bekann-
ten Straßen in Richtung Forum. In den geöffneten Läden schaute
er die Auslagen an. Endlich blieb er vor einem Tonwarenladen
stehen. Hier gab es alles, was man aus Tonerde herstellen konnte,
auch Öllampen und kleine Tierfiguren. Marcus fragte nach einer

*Terrakotten aus Kindergräbern: Fortuna und Minerva als Gottheiten, zwei Öllampen und
Tiere*

Terrakotte für die Heil- und Quellgöttinnen. Die Verkäuferin er-
kannte schnell, was Marcus wollte. Sie nahm unter der Ladenthe-
ke eine sitzende Göttin heraus, die ein Kind auf dem Arm hielt.
Das fand Marcus passend. „Haben Sie auch Tierfigürchen für
einen Freund?" fragte Marcus. „Was soll es denn sein? Eine
Katze, ein Hund, ein Hase, ein Huhn oder ein Hahn vielleicht?"
Bei diesen Worten stellte die Frau viele Tiere auf die Theke.
„Diese Vögel sind auch sehr beliebt", meinte sie, und deutete auf
kleine Tauben. Marcus überlegte genau. Dann zählte er seine
Münzen. Es reichte gut für zwei Tonfiguren. Doch welches
Tierchen sollte er nehmen? Er entschied sich für einen Hahn. Die

Verkäuferin packte alles in Stroh ein und legte es auf die Theke. Dann bezahlte Marcus.

„Salve!" Neben Marcus stand Antonius. „Was machst du hier?" wollte Antonius wissen. Marcus erzählte ihm, daß er für Rufus ein Geschenk kaufen wollte. Warum verschwieg er Antonius das Götterfigürchen? Er wußte es nicht. „Ich wollte eine Öllampe hier kaufen", sagte Antonius. Die Händlerin brachte einige Modelle, auf denen ein besonderes Schriftzeichen eingedrückt war. ☧. Marcus kannte es. Es war das Zeichen der Christen für ihren Gott.

Frühchristliche Lampe mit Chi (X) und Rho (P) als griechisches Monogramm für Chr(istos)

Antonius schaute Marcus eine Weile an. Dann sagte er: „Du hast es sicher schon gemerkt, ich bin auch Christ!" Seltsam, daß sie noch nie so deutlich darüber gesprochen hatten! Was wußte Marcus eigentlich von diesem Gott? Es war nicht viel. Nur, daß er seinen Sohn Jesus Christus in Palästina zu den Menschen geschickt hatte, um ihnen das Heil zu bringen. Die Römer hatten ihn dann später ans Kreuz geschlagen. Warum hatte er nur so viele Anhänger? Auch in Treveris gab es schon eine Menge Christen.

Antonius kaufte eine Tonlampe. Sie gingen zusammen weg. „Wir glauben, daß wir wiederauferstehen nach unserem Tode", sagte plötzlich Antonius, „so wie Jesus Christus, unser Herr, auferstanden ist von den Toten." Bei diesen Worten strahlten seine Augen von einem inneren Licht, wie Marcus es bei einem Menschen noch nie gesehen hatte. War er denn blind gewesen? Nun fiel es ihm wie Schuppen von den Augen. Antonius war auch nicht im Amphitheater gewesen, weil die Christen dort großes Leid erfahren hatten. Predigten sie nicht auch die Nächstenliebe? Wie konnte man dann einen Menschen einem wilden Tier ausliefern? Keiner darf einen anderen Menschen töten oder töten lassen! Hatte sich Antonius nicht auch energisch für die Armen eingesetzt, als die Freunde über die Mietshäuser sprachen?

Plötzlich hatte Marcus Lust, mehr von Antonius und dessen Glauben zu erfahren. Sie setzten sich auf eine Bank in einem kleinen Park, dicht neben eine Wasserfontäne und sprachen lange miteinander. Er hätte Antonius ewig zuhören können. Marcus ging das Herz auf, als Antonius erzählte: „In Rom wirkte der heilige Petrus. Er war von Jesus zu seinem Stellvertreter eingesetzt worden. Er sollte dafür sorgen, daß die Frohe Botschaft überall ausgebreitet wurde. Doch du weißt, die Christen wurden oft verfolgt und starben für ihren Glauben. So starb auch Petrus für seinen Glauben am Kreuz wie sein Herr. Ein anderer Glaubensbruder trat an Petrus' Stelle. Und wieder ein anderer.

Und der Glaube breitete sich aus.

So schickte auch eines Tages der Nachfolger des heiligen Petrus drei Glaubensboten hier in unser Land. Sie hießen Eucharius, Valerius und Maternus. Sie sollten hier das Evangelium vom Reiche Gottes predigen. Es wird erzählt, daß Maternus auf dem Weg hinter Argentorate (Straßburg) plötzlich starb. Darauf kehrten die beiden anderen wieder nach Rom zurück. Dort gab ihnen der Nachfolger des heiligen Petrus seinen Bischofsstab. Mit ihm sollten sie Maternus berühren, um ihn wieder zum Leben zu erwecken. Sie kehrten zum Grab von Maternus zurück und berührten den Leichnam. Und siehe da, Maternus stand wieder auf! Voller Freude und Dankbarkeit gegen Gott zogen sie weiter und kamen nach Treveris. Hier predigten sie auf dem Forum. Viele Menschen hörten ihnen zu. Du kannst dir vorstellen, daß das den heidnischen Priestern nicht gefiel. Sie wiegelten die Leute gegen die Glaubensboten auf und schrien: ‚Steinigt die Unruhestifter, steinigt sie!' Schließlich erhoben viele Leute die Arme, um die Prediger mit Steinen zu bewerfen. Doch da waren ihre Arme plötzlich gelähmt, so daß sie nicht werfen konnten. Entsetzen erfaßte die Menschen. Welch ein Zeichen! Ein Wunder war geschehen! Eucharius aber rief zum Himmel, und bald löste sich die Verkrampfung in ihren Armen. Sie ließen die Steine sinken. Danach wollten sich viele auf den Namen Jesu Christi taufen lassen. Die Anzahl der Täuflinge war so groß, daß Eucharius zum Taufen in den nahen Bach ging. Das dabei vergossene heilige Öl gab dem Bach seinen Namen. Er heißt noch heute Olevia (Olewig).

Unter den Getauften war auch eine Witwe. Sie hieß Albana. Sie hatte nur einen Sohn, den sie sehr liebte. Doch dieser starb. Sie trat auf Eucharius zu und bat ihn, mit ihr zu kommen und ihren Sohn wieder lebendig zu machen. Eucharius, Valerius und Maternus gingen mit in ihr Haus im Süden vor den Toren der Stadt. Eucharius legte dem Toten die Hände auf und betete. Da erwachte der Junge wieder und war lebendig. Froh und dankbar ließen sich Mutter und Sohn taufen. Die Witwe Albana schenkte den Glaubensboten ihr Haus. Hier sollten die Priester leben und mit den Getauften das Dankopfer feiern.

Eucharius wurde der erste Bischof der Provinz Belgica und der Provinzen am Rhenus (Rheinprovinzen). Nach ihm wurde Valerius, dann Maternus Bischof. Die Witwe Albana starb. Ihr Leichnam wurde zu dem ihres Mannes, der vom Christentum noch nichts gehört hatte, in den Sarkophag gelegt. In der Gruft der Witwe Albana wurden auch Eucharius und Valerius beigesetzt. Hier treffen wir Christen uns regelmäßig, und Maternus predigt oft für uns. Wir nennen die Albanagruft heute Euchariusgruft." – Jetzt schwieg Antonius.

Marcus hatte aufmerksam zugehört. Er wußte nicht, was er zu all diesen Ereignissen sagen sollte. Es war kaum zu glauben. Und doch, für Antonius gab es keinen Zweifel, er glaubte fest daran. Marcus wollte jetzt noch mehr wissen, doch Antonius hatte keine Zeit mehr. Seine Familie wartete schon auf ihn. „In der Dämmerung treffen wir uns heute in der Euchariusgruft", sagte Antonius, „dorthin bringen einige Öllampen mit, damit es in dem Gewölbe heller ist." Marcus war enttäuscht. „Schade", sagte er, „ich hätte noch gerne mehr von den Christen erfahren!"

Grabmal des Albinius Asper, für sich zu seinen Lebzeiten und für seine wohl verstorbene Frau Secundia Restituta errichtet

132

„Was hältst du davon, wenn du einfach mitkommst, ich meine, in die Euchariusgruft?" Das konnte Marcus doch nicht machen! Oder doch? „Ich komme mit", hörte er sich sagen und erschrak über seinen Entschluß. Er mußte es einfach tun! Die beiden Tonfiguren hatte er immer noch im Arm, als die beiden zu Antonius nach Hause liefen. Ob er sie beim Christengott lassen sollte? Antonius' Familie hatte schon gewartet. Sie begrüßten Marcus freundlich und machten sich rasch auf den Weg.

Hinter der Porta Media tauchte das römische Gräberfeld auf. Hier standen noch große Grabpfeiler aus der Zeit, als die Menschen verbrannt und in Aschenurnen beerdigt wurden.

Sie erreichten vor einem Haus eine Treppe, die sie in eine unterirdische Kammer führte. Hier waren schon einige Leute eingetroffen. Sie hielten Lichter in den Händen und sangen. Antonius flüsterte Marcus zu: „Dort steht der Steinsarg der Witwe

Spätantike Grabkammer mit reliefverziertem Sarkophag. In dieser sogenannten „Albanagruft" in St. Matthias waren wohl die ersten Trierer Bischöfe, die ältesten Bischöfe Deutschlands, Eucharius und Valerius, bestattet.

Albana, dort die von Valerius und Eucharius. Davor ist unser Versammlungstisch, an dem wir das Mahl feiern."

Der Sarkophag der Witwe Albana war viel reicher verziert als die anderen. Marcus begann sich wohl zu fühlen. Maternus war gekommen und hatte alle begrüßt. Er stellte sich vor den Sarg des Eucharius und begann, den Gottesdienst zu halten. Marcus verstand die Handgriffe, Worte und Zeichen kaum. Doch was der Bischof dann predigte, verstand Marcus besser.

Zuerst erzählte Maternus Geschichten aus den alten Schriften, die er Bibel nannte. Er erwähnte dabei die Namen Lazarus, die Tochter des Jairus und den Sohn des römischen Hauptmanns von Kafarnaum. Jesus Christus hatte sie alle wieder zum Leben erweckt. „Brüder", sprach Maternus, „wer an Jesus Christus glaubt, wird wie er und seine erweckten Freunde auferstehen zum ewigen Leben!" Dann kam er auch auf die Kinder zu sprechen, die in Treveris und Umgebung gestorben waren. Er nannte auch einige Namen von jungen Müttern, die die Geburt ihres Kindes nicht überlebt hatten. So viele Menschen mußten jung sterben. „Wie unermeßlich ist das Leid der Trauernden, die nicht unseren Glauben an die Auferstehung haben!" Dann segnete er das Brot, das auf dem Tisch lag, und den Wein, der in einem Becher dabeistand. Alle sprachen den Friedensgruß und reichten sich die Hände. Auch Marcus wurde miteinbezogen. Das Brot wurde gebrochen, verteilt und gemeinsam gegessen. Jeder trank einen Schluck Wein, der mit Wasser gemischt war. Sodann traten die Gläubigen singend aus der Gruft hinaus ins Freie.

Marcus war tief beeindruckt. Antonius' Verwandte sprachen noch mit den anderen Christen. Sie besprachen, wem sie besonders helfen wollten. Antonius brachte Marcus dann noch nach Hause. Dort bedankte Marcus sich und lief ins Haus. Leise stellte er den Hahn vor Rufus Bett. Die andere Figur versteckte er. In der Nacht konnte Marcus nicht schlafen. Er war voller Gedanken. Mehrmals kam Suricula mit dem Pulver. „Wie geht es Rufus?" fragte Marcus. „Schon besser", sagte Suricula und lächelte „er wird wieder gesund!" Marcus war sehr froh.

Aus den Besprechungen zu diesem Buch:

In diesem Büchlein verbinden sich in geglückter Form wissenschaftlich fundierte Sachbezogenheit und jugendgerechter Erlebnischarakter. Zusammen mit dem jungen Marcus, dessen Vater im kaiserlichen Trier des 4. nachchristlichen Jahrhunderts einen Steinmetzauftrag angenommen hat, erschließt sich dem Leser die gesamte Lebenswelt der provinzrömischen Spätantike, von alltäglichen Begegnungen über Schule und öffentliche Spiele bis hin zu Kontakten mit christlichen Freunden. Ein Gewinn besonders für Schüler mit Latein als erster oder zweiter Fremdsprache.

Das gute Buch in der Schule

Die Autorin versteht es, Marcus' Erlebnisse, seine neuen Freundschaften, die Schule, den großen Unterhaltungsapparat Circus und eine Zusammenkunft der jungen Christengemeinde lebendig zu schildern ... So kommt keine trockene Belehrung zustande, wohl aber eine lehrreiche, mit Sachinformationen dicht bepackte Erzählung mit vielen in den Text integrierten Fotos von Ausgrabungsstücken, Planskizzen u. ä.

das neue buch/buchprofile

Spannend und informativ geschrieben, dokumentiert mit Zeichnungen und Fotografien aus der Sammlung des Rheinischen Landesmuseums in Trier.

Informationskarte des Schweizer Bibliotheksdienstes

... ein bemerkenswertes Buch nicht nur für Büchereien im Trierer Land, sondern *für alle an römischer Lebensart interessierten Leser von 12 Jahren an.*

Büchereinachrichten/Österreichisches Borromäuswerk